PROTECTION ÉNERGÉTIQUE POUR DÉBUTANTS

Richard Webster

PROTECTION ÉNERGÉTIQUE
pour débutants

CRÉEZ VOTRE HAVRE DE PAIX SPIRITUEL

Le lotus & l'éléphant
POCHE

Publié pour la première fois en 2010 aux États-Unis par Llewellyn Publications sous le titre *Psychic protection for Beginners, Creating a Safe haven for Home & Family*

Llewellyn Publications,
Woodbury, MN 55125 USA
www.llewellyn.com

Édition poche

58, rue Jean Bleuzen – 92178 Vanves Cedex
Traduit de l'anglais par Sylvie Fortier

Dépôt légal : juin 2023
ISBN : 978-2-01-720019-2
42-4777-7
Couverture : © trigubova-iStock – iStock
Achevé d'imprimer en Espagne par Liberdúplex en mai 2023

À Sandi Liss et Soul Journey

SOMMAIRE

À PROPOS DE L'AUTEUR

Richard Webster a publié plus de 40 titres chez Llewellyn ; c'est l'un des auteurs les plus prolifiques en Nouvelle-Zélande. Parmi ses ouvrages à succès, on compte *Les guides spirituels et les anges gardiens*, *La visualisation créatrice pour débutants*, *Âmes sœurs*, *Guide pratique des souvenirs de vies antérieures*, *Le voyage astral pour débutants*, *Miracles*, *Is Your Pet Psychic?*, ainsi qu'une série sur les archanges : *Communiquer avec l'archange Michel*, *Communiquer avec l'archange Gabriel*, *Communiquer avec l'archange Raphaël* et *Communiquer avec l'archange Uriel.*

Voyant réputé, Richard est membre de la Guilde nationale américaine des hypnothérapeutes, ainsi que de l'Association professionnelle des hypnothérapeutes et des parapsychologues du Royaume-Uni, du Registre international des hypnothérapeutes professionnels (Canada) et de l'Institut de psychothérapie et d'hypnothérapie de Nouvelle-Zélande. Quand il n'est pas en tournée, l'auteur habite en Nouvelle-Zélande avec sa femme et sa famille.

INTRODUCTION

Tandis que je rédigeais ce livre, un ami m'a confié qu'il n'avait jamais eu besoin de protection énergétique, car il avait toujours mené une vie « normale ». C'est une idée très répandue, mais erronée. Selon moi, *tout le monde* a besoin de protection énergétique de temps à autre. J'ai posé une série de questions à mon ami et, après y avoir répondu, il a fini par admettre à contrecœur qu'une telle protection pourrait lui être bénéfique. Voici la liste de mes questions :

- Vous a-t-on déjà regardé avec le « mauvais œil » ?
- Les gens se confient-ils à vous régulièrement et vous parlent-ils de leurs problèmes ?
- Faites-vous des cauchemars ?
- Vous sentez-vous parfois sans énergie ni motivation ?
- Souffrez-vous de maux de tête ?
- Les problèmes que vous affrontez au quotidien vous dépriment-ils ?
- Prenez-vous parfois des drogues douces ?
- Vous arrive-t-il de vous sentir épuisé après avoir côtoyé une personne en particulier ?
- Vous êtes-vous déjà senti intimidé par quelqu'un ?
- Vous arrive-t-il de perdre la maîtrise de vous-même ?

- Passez-vous parfois des journées où rien ne va comme vous le souhaitez ?
- Pratiquez-vous la méditation ou l'autohypnose ?
- Souffrez-vous de nervosité ou d'un manque d'assurance ?
- Vous sentez-vous inférieur aux autres ?
- Est-ce que l'on vous a déjà tourmenté ou persécuté ?
- Êtes-vous guérisseur, thérapeute ou conseiller ?
- Souffrez-vous d'anxiété ou de crises de panique ?
- Le plus souvent, voyez-vous le verre à moitié vide plutôt qu'à moitié plein ?

Si vous avez répondu oui à l'une ou l'autre de ces questions, vous avez besoin de protection énergétique. Vous assurez déjà votre protection de diverses façons : vous habitez une maison pour vous mettre à l'abri des intempéries ; vous investissez votre argent non seulement pour qu'il fructifie, mais aussi pour qu'il soit en lieu sûr ; vous avez souscrit une assurance contre un ensemble de désastres possibles ; vous évitez probablement les quartiers dangereux. Ce sont des formes concrètes de protection. Néanmoins, peu de gens sont conscients de la nécessité de se protéger sur le plan énergétique.

Il arrive parfois que notre esprit soit notre pire ennemi. En voici un exemple. Il y a plusieurs mois, la fille d'un couple d'amis a fait une dépression. Les parents ignoraient totalement que leur adolescente de 14 ans recevait depuis un moment des textos anonymes malveillants. Comme la majorité des adolescents, elle ne se séparait quasiment jamais de son téléphone, l'agresseur pouvait donc la joindre à toute heure du jour et de la nuit, ce qui signifie que la jeune fille ne se sentait jamais en sécurité, même dans sa propre chambre. La police et l'école sont intervenues et une ex-camarade de l'adolescente a admis être l'auteure des messages. Elle a affirmé qu'il ne s'agissait que d'une farce inoffensive, mais sa victime suit toujours un traitement pour guérir des séquelles de ce harcèlement.

Au moment de son agression, la fille de nos amis n'avait encore jamais entendu parler de protection énergétique. Cette mésaventure démontre qu'il est important d'apprendre à se protéger autant sur le plan psychique que sur les autres plans. Nos ancêtres le savaient déjà, il y a de cela des milliers d'années.

À cette époque, les hommes croyaient qu'en plus des épreuves ordinaires du quotidien, ils pouvaient être tourmentés par des êtres invisibles, tels que des démons, des esprits malveillants et des âmes désincarnées qui rôdaient autour d'eux. Il n'est pas étonnant qu'ils aient cherché à se préserver du mal. Bien entendu, leurs principales préoccupations étaient leur sécurité et leur survie, et ils ont d'abord conçu divers moyens d'assurer leur protection physique.

La maison est le lieu où l'on vit. Le foyer est aussi la maison où l'on vit, mais c'est beaucoup plus que cela. Le mot *foyer* nous fait penser à l'amour, à la famille, à la sécurité, au bonheur. Autrefois, il était associé à l'âtre, à la chaleur et au feu qui brûlait dans la cuisine. Votre foyer est le lieu où vit votre corps physique, mais il devrait aussi être le lieu où vous pouvez nourrir votre esprit et exprimer librement votre véritable nature. Un vieux proverbe exprime bien cette idée : « La maison est là où se trouve le cœur. »

La sécurité devrait être l'une des premières choses qui nous viennent à l'esprit lorsque nous pensons à notre *foyer* : nos demeures sont bâties pour nous protéger des éléments, des prédateurs et d'autrui. Voilà pourquoi nous érigeons des clôtures autour de nos maisons et verrouillons nos portes.

Hélas, beaucoup de foyers ne sont pas des endroits sûrs. En grandissant, les enfants issus de familles dysfonctionnelles reproduisent parfois le funeste schéma qu'ils ont connu. De nombreuses personnes sont victimes d'abus, verbaux ou physiques, dans le seul endroit où elles devraient pourtant se sentir en sécurité. Certaines, surtout les mères, donnent constamment aux membres de leur famille, à tel point qu'elles disposent de très peu de temps pour se ressourcer, voire pas du tout. Tous ont besoin de se prémunir de ce qui se passe dans leur foyer. La plupart ont aussi besoin d'une protection contre les dangers potentiels à l'extérieur de leur demeure.

Tout le monde peut tirer profit d'une protection énergétique. Nous affrontons tous le stress ou une pression quelconque à divers moments de notre vie. La majorité d'entre nous souffrent de temps à autre de rhumes et de petits malaises. Qui n'a jamais eu le sentiment d'être vidé physiquement, mentalement et émotionnellement ? En pareils moments, nous avons tous besoin d'une protection.

Les pensées, les actions et les sentiments d'autrui peuvent également nous épuiser. À une certaine époque, je travaillais pour un couple qui se disputait constamment. Quand je rentrais chez moi, j'avais presque toujours mal à la tête en raison du stress intense qui régnait dans leur environnement.

Suivre l'actualité à la télévision ou à la radio peut s'avérer très souvent néfaste. Les journaux sont axés sur les tragédies et les désastres puisque les mauvaises nouvelles se vendent mieux que les bonnes. Comme nous baignons dans la négativité, il est difficile de ne pas se laisser contaminer par le pessimisme des autres. Les personnes qui ont des difficultés à dire non sont particulièrement sensibles à ce phénomène. D'autres sont extrêmement perméables aux états d'âme et aux sentiments d'autrui, ce qui les rend particulièrement vulnérables aux attaques psychiques.

Les personnes très intuitives sont affectées de la même manière. Quand je donnais des lectures psychiques, je devais faire très attention à ne pas me laisser envahir par les attitudes, les énergies et les pensées de mes clients. Les guérisseurs-nés ont aussi besoin de se nettoyer pour éviter d'absorber les vibrations délétères de leurs patients.

Nos propres pensées négatives exercent sur nous un travail de sape. Nous pouvons donc les considérer comme une forme d'attaque psychique que nous nous infligeons à nous-mêmes. Tout récemment, j'ai travaillé avec un homme qui prenait occasionnellement des drogues douces. Il voulait arrêter d'en consommer car il avait découvert que ces substances le rendaient excessivement réceptif aux attaques psychiques.

Le stress géopathique* attribuable au rayonnement électromagnétique et aux eaux souterraines peut affecter le système immunitaire, laissant l'individu vulnérable autant sur le plan des maladies physiques que sur le plan des attaques psychiques. Il semble que nous soyons tous aux prises avec une forme quelconque d'attaque psychique, à un moment ou à un autre.

Heureusement, nous pouvons nous protéger, nous, notre foyer et les êtres que nous chérissons de ce genre

---

* L'émission d'énergies négatives causée par le dérèglement du champ électromagnétique de la Terre.

d'invasions. En fait, il faudrait considérer la protection énergétique comme un élément essentiel à la santé et au bien-être. Elle fournit un cocon invisible qui nous préserve de toutes les formes d'attaques, délibérées ou involontaires. Une de mes clientes m'a confié qu'elle se sentait comme enveloppée d'une couche de peau supplémentaire qui la gardait au chaud et en sécurité, même durant la période où elle a vécu un divorce difficile, ajoutant : « L'énergie positive était la seule qui pouvait me toucher. Tout le reste, le stress et les dissensions, était filtré et éliminé avant de pouvoir m'atteindre. Je me sentais en sécurité et protégée en permanence. »

L'auteur britannique William Somerset Maugham prenait la protection très au sérieux. Son père s'était procuré une amulette au Maroc qui représentait une flèche à barbelures et une croix double. Cette amulette fascinait Somerset Maugham, qui en fit un symbole personnel. Elle était dessinée sur ses biens, gravée sur les fenêtres de sa demeure, et imprimée sur la couverture de tous ses livres. Il était convaincu qu'elle repoussait le mal et en avait la preuve. L'un de ses premiers romans, *The Hero*, fut un échec total, or l'amulette avait été imprimée par mégarde à l'envers sur la couverture du livre.

À la fin de la cérémonie d'un mariage juif, le marié brise un verre onéreux et l'assemblée s'exclame : « *Mazel tov !* » (« Bonne chance », en yiddish). Le bruit du fracas sert à détourner l'attention des forces malveillantes. Ce rituel garantit qu'aucun esprit envieux ne s'emparera du bonheur du jeune couple.

La protection énergétique ne signifie pas que vous deviez détruire tous vos verres ou négliger de verrouiller les portes de votre demeure quand vous vous absentez. Vous ne devriez pas non plus vous passer de détecteurs de vol ou de fumée. Fermer votre voiture à clé est une bonne chose à faire, même si vous l'avez protégée psychiquement. Vous devez continuer de veiller à votre sécurité physique en observant ce qui se passe autour de vous et en restant vigilant partout où vous allez.

Il n'existe pas de méthode de protection unique qui convienne à tous. Par conséquent, vous trouverez dans cet ouvrage une panoplie d'outils et apprendrez à utiliser plusieurs méthodes reconnues depuis longtemps, notamment les parfums, les cristaux, les pierres, les amulettes, les herbes, les couleurs, les bougies et la méditation. Votre aura étant votre moyen de défense le plus puissant, vous apprendrez aussi à la renforcer afin de bénéficier d'une protection accrue. Vous découvrirez comment écarter n'importe quelle attaque psychique dirigée délibérément contre vous. De plus, vous saurez comment protéger votre foyer et les personnes qui vous sont chères.

Ce livre n'aborde pas la protection physique. Son seul but consiste à vous aider à assurer votre protection énergétique, ainsi que celle des êtres aimés, de votre foyer et de vos biens.

CHAPITRE 1

PROTECTION ÉNERGÉTIQUE

L'être humain utilisait la protection énergétique bien avant l'apparition des premiers écrits. Comme le monde était un endroit redoutable, grouillant de démons invisibles et d'esprits malins, l'homme employait tous les moyens à sa disposition pour protéger son clan et ses ressources alimentaires.

Des amulettes et des talismans ont été découverts dans des lieux d'inhumation millénaires, ainsi que dans les ruines de certaines habitations rupestres préhistoriques[1]. Les propriétaires de ces objets les portaient probablement pour se protéger.

Dans l'Antiquité, les Égyptiens utilisaient également des amulettes funéraires conçues spécifiquement pour aider le défunt à accomplir la traversée vers l'autre monde. Des exemplaires du *Livre des morts* étaient en outre déposés dans la chambre funéraire, sans doute pour remplir une fonction protectrice[2]. Les prêtres qui dirigeaient ces cérémonies funéraires portaient des talismans. Les grands prêtres et les grandes prêtresses étaient des magiciens chevronnés qui consacraient leur vie à apaiser les esprits malveillants et à invoquer les âmes bienveillantes. Le port d'amulettes et de charmes était donc parfaitement logique, puisqu'ils protégeaient et attiraient la chance. Un papyrus funéraire, dit « papyrus de MacGregor », illustre les 75 amulettes les plus populaires chez les Égyptiens il y a 3 500 ans. Aujourd'hui, on peut encore admirer les 104 amulettes gravées sur l'encadrement d'une porte, sur le toit du temple ptolémaïque de la déesse Hathor, à Dendérah.

De leur côté, les Carthaginois utilisaient des masques, souriants ou renfrognés, autant pour les vivants que pour les morts. Les masques souriants servaient à obtenir la protection des dieux, tandis que les masques renfrognés protégeaient des esprits malins[3].

En revanche, une fois qu'une institution religieuse avait accepté le concept d'une déité ou d'un panthéon de dieux, elle désapprouvait l'utilisation d'amulettes et de charmes païens sous prétexte que son dieu était en mesure de fournir toute la protection souhaitable. Bien entendu, les religions qui fleurirent autorisèrent les amulettes et les charmes qui avaient *selon elles* un sens religieux : elles étaient au-dessus des « superstitions ». On comprend difficilement pourquoi l'Église catholique s'est opposée si farouchement à l'utilisation des amulettes, étant donné qu'elles n'allaient pas à l'encontre du dogme et que plusieurs portaient le nom de dieux qui accordaient leur protection. Parmi les premiers pères chrétiens, saint Jean Chrysostome (vers 347-407) et d'autres les condamnèrent en affirmant qu'elles avaient un lien avec la magie[4]. Auparavant, l'empereur romain Caracalla (188-217), inquiet devant le nombre de personnes qui portaient des amulettes, les bannit. De lourdes amendes furent imposées à ceux qui s'entêtèrent à en arborer[5].

Les attaques psychiques pouvaient venir de personnes vivantes ou d'esprits invisibles. La malédiction est une attaque de ce type et de nombreux comptes rendus témoignent du dépérissement et de la mort de personnes ainsi maudites.

L'œil humain a toujours fasciné parce que l'on peut avoir des iris de couleurs différentes et que les pupilles se dilatent et se contractent. Il y a des milliers d'années, l'être humain avait conscience de la petite personne qu'il voyait se réfléchir dans les yeux de l'autre. La Bible y fait d'ailleurs allusion dans les versets suivants : « Il l'a gardé comme la prunelle de son œil » (Deutéronome 32,10), « Observe mes préceptes, et tu vivras ; garde mes enseignements comme la prunelle de tes yeux » (Proverbes 7,2), « Garde-moi comme la prunelle de l'œil ; protège-moi, à l'ombre de tes ailes » (Psaumes 17,8). Certains pensaient que la personne qu'ils voyaient dans l'œil de l'autre avait le pouvoir de quitter cet œil, de s'installer dans celui d'une autre personne et peut-être de lui causer du tort[6].

L'œil fait aussi partie de plusieurs récits sur la Création. Selon un mythe égyptien, Ptah créa l'Univers et enfanta tous les autres dieux par les yeux[7].

Dans un autre récit, Rê, le dieu Soleil, fut séparé de ses enfants jumeaux, Shou et Tefnout. Il envoya son œil à leur recherche et en inséra un nouveau dans son orbite pour le remplacer. Le premier œil trouva les enfants disparus et les ramena à leur père. En les voyant, Rê pleura et ses larmes engendrèrent l'espèce humaine. Cependant, le premier œil fut malheureux de découvrir qu'un autre œil avait pris sa place. Rê le posa alors sur son front et l'autorisa à gouverner le monde. Il fut associé au Soleil, tandis que l'autre œil fut associé à la Lune[8].

Le mauvais œil

En raison de leur caractère expressif, les yeux ont toujours eu la réputation de pouvoir provoquer tant la chance que la malchance. Le regard amoureux porte chance à l'objet de sa flamme alors que le regard courroucé peut causer beaucoup de tort. Le mauvais œil est la forme d'attaque psychique la plus répandue, et elle peut survenir aussi bien intentionnellement qu'involontairement. Selon une ancienne croyance, la personne qui louchait ou souffrait d'une autre anomalie visuelle pouvait faire du mal aux autres sans aucune mauvaise intention, juste en les regardant.

Quand j'étais enfant, j'ai connu une fille aux yeux vairons : l'un était bleu foncé et l'autre, vert émeraude. Je trouvais cette combinaison très attrayante, mais à une autre époque, cette fille aurait été accusée d'avoir le mauvais œil.

On croyait aussi que les bossus, les nains et les personnes dont les sourcils se rejoignaient au milieu du front avaient le mauvais œil. On a dit de l'empereur Napoléon III, du roi d'Espagne Alphonse XIII et du poète anglais lord Byron qu'ils en étaient porteurs.

Deux papes ont connu pareille affliction. Peu de temps après son intronisation, Pie IX (1792-1878) traversa Rome dans une calèche. Il dirigea machinalement son regard vers une fenêtre où une nourrice tenait un enfant dans ses bras. Quelques minutes plus tard, l'enfant fit une chute mortelle. À la suite de cette catastrophe, presque tout ce que Pie IX bénit entraîna la malchance. Le pape Léon XIII (1810-1903) lui succéda. Plusieurs cardinaux moururent alors qu'il était chef de l'Église catholique, et la rumeur affirma que c'était parce qu'il avait le mauvais œil.

Par ailleurs, certains animaux peuvent, pour la même raison, causer du tort aux humains sans le vouloir.

Il existe de nombreux comptes rendus sur le mal involontaire causé par certains individus affligés du mauvais œil. Deux exemples intéressants ont été rapportés dans le procès des sorciers de Malmesbury, qui s'est tenu en 1672 dans le Wiltshire, en Angleterre. Un fermier de Christian Malford, près de Chippenham, avait tué ses propres bovins « avec son air naturellement malveillant ». Le second exemple concerne M. Snigg, un autre fermier des alentours, dont les enfants étaient extrêmement maigres et apathiques ; on racontait que cette condition résultait des yeux malchanceux[9] de cet homme.

Dans leur ouvrage *About Yorkshire*, Thomas et Katharine Macquoid mentionnent le cas d'un homme qui « se promenait toujours en gardant les yeux rivés au sol et qui ne regardait jamais ses interlocuteurs ; son regard était maudit et il n'osait pas parler à ses enfants rayonnants de santé, de peur qu'un fléau ne survienne. »[10]

On rapporte aussi que la première chose qu'un homme du Yorkshire faisait chaque matin en se levant était d'ouvrir la porte de sa demeure et de regarder le poirier qui poussait à l'extérieur. Il agissait ainsi parce qu'il croyait, comme tant d'autres, que la dangerosité du mauvais œil atteignait sa force maximale aux premières heures du jour. Au moins, il ne jetterait pas le mauvais œil sur ses amis ou sur ses voisins. Or, au fil du temps, l'arbre finit par mourir[11].

William Shakespeare lui-même a fait allusion au mauvais œil. Dans *Peines d'amour perdues*, Biron dit : « Ils ont la peste et l'ont prise à vos yeux » (acte V, scène II, p. 423).

En règle générale, le mauvais œil est lancé délibérément. Celui ou celle qui regarde quelqu'un avec un sentiment de jalousie, de méchanceté, de mépris ou d'envie a le pouvoir de lui causer consciemment du tort. L'expression « Si le regard pouvait tuer… » comporte une grande part de vérité. Encore aujourd'hui, les gens sont généralement mal à l'aise lorsqu'on les dévisage. Et le sentiment de malaise s'accroît si le regard est malveillant ou méprisant.

Même les dieux posaient parfois des regards d'envie sur les êtres humains, suscitant ainsi une autre source d'inquiétude.

La croyance dans le mauvais œil est extrêmement ancienne. On a découvert des textes cunéiformes sumériens et assyriens vieux de 5 000 ans qui y font référence et proposent des remèdes. Les Égyptiens, tout comme les Grecs et les Romains, craignaient ce mauvais sort et usaient de cosmétiques pour s'en prémunir. Ils utilisaient notamment du khôl (ombre à paupières) et du rouge à lèvres pour empêcher le mauvais œil d'entrer par les yeux et par la bouche[12]. La Bible mentionne également le mauvais œil. On lit dans les Proverbes 23 : 6 : « Ne mange pas le pain de celui dont le regard est malveillant. »

Que le mauvais œil soit jeté intentionnellement ou involontairement, le résultat est le même : il apporte la malchance, la maladie, parfois même la mort. On lui imputait aussi l'impuissance et la frigidité.

Les membres les plus faibles d'une communauté étaient les plus susceptibles d'être touchés par le mauvais œil. Les jeunes animaux et les enfants étaient considérés comme les plus vulnérables.

De nos jours, la croyance dans le mauvais œil est encore répandue dans certains pays méditerranéens comme l'Italie et la Turquie, et elle reste présente au Mexique et dans certaines régions d'Amérique centrale. Rien d'étonnant donc à ce que l'on ait recours à nombre de remèdes ancestraux.

Les amulettes de différents types ont toujours été très populaires. En Italie, on utilise des amulettes en forme de phallus pour repousser le mauvais œil depuis l'Empire romain, et il n'est pas rare de nos jours de voir des Italiens s'empoigner l'entrejambe lorsqu'ils sont exposés au mauvais œil. Un autre remède associé au phallus consiste à faire une *figa* avec la main repliée en poing, le pouce ressortant entre l'index et le majeur. Dans ce cas, le pouce représente le phallus. On peut utiliser un troisième remède instantané en levant l'index et l'auriculaire pour former « une paire de cornes » avec la main.

Par ailleurs, les Grecs et les Romains se servaient autrefois de leur salive, et certains peuples méditerranéens ont encore coutume de cracher quand ils sont exposés au mauvais œil. Aujourd'hui, en Grèce et en Turquie, le *nazar boncuk*, un charme en forme d'œil de verre bleu, sert toujours à chasser le mauvais œil. Bien qu'il soit maintenant vendu comme souvenir aux touristes, les habitants de ces régions sont convaincus de ses vertus protectrices et il est rare de voir un nourrisson qui n'en porte pas en public.

Dans plusieurs pays du monde, il arrivait qu'après avoir fait l'éloge d'une personne ou d'une chose, on prononce aussitôt une parole magique pour invalider le compliment. Durant plus de 4 000 ans, le peuple juif a ainsi répété les mots *kayn aynhorah*, qui signifient en yiddish « qu'aucun mauvais œil ne te fasse du mal ». La bénédiction que les prêtres donnent à l'assemblée à la fin du service religieux représente, d'un point de vue pratique, une parole magique de protection.

Les Grecs de l'Antiquité utilisaient des charmes verbaux, c'est-à-dire des paroles magiques, à des fins très diverses. Homère, par exemple, a écrit que les fils d'Autolycos ont pansé la blessure qu'Ulysse avait à la jambe en récitant des charmes pour étancher le sang (*Odyssée*, chant XIX, lignes 457-459). Cela se faisait couramment à cette époque. Les gens croyaient que les démons étaient à l'origine de nombreuses maladies, les paroles magiques étaient alors une forme de protection populaire.

C'est au Moyen Âge que les charmes verbaux ont gagné en popularité en Europe. Plusieurs prières chrétiennes ont été adaptées et modifiées pour devenir des charmes. Encore aujourd'hui, nombre de personnes superstitieuses murmurent un « Plaise à Dieu » ou « Dieu le bénisse » chaque fois qu'un compliment leur est adressé à elles personnellement ou à ce qui leur appartient[13].

Les ornements de brides étaient autrefois très répandus au Royaume-Uni, mais l'on en voit rarement de nos jours, sauf comme artéfacts dans les musées. Les plus anciens étaient confectionnés à la main à partir de feuilles de laiton martelées. Circulaires ou en forme de croissant, ils étaient ornés d'un dessin dépouillé, souvent inspiré des rayons solaires. Leur principale fonction était de protéger le cheval du mauvais œil. Le laiton brillant et astiqué comme un miroir détournait toute négativité de l'animal.

Dans le sud de l'Europe, on attachait des clochettes et des rubans de couleurs vives aux animaux pour les protéger du mauvais sort. Dans son livre, *The Evil Eye*, publié en 1895, Frederick Thomas Elworthy décrit les amulettes qu'il a vues sur les chevaux de trait à Naples. Elles allaient de simples clochettes aux ornements de brides gravés de saints et d'anges, en passant par des rubans, des cornes et des plumes de faisan[14].

Une protection spéciale s'imposait pour les enfants, car les forces du mal s'intéressent toujours à la jeunesse, en particulier quand elle est belle et intelligente. Il fallait faire appel à cette protection dès que l'on complimentait le bébé ou l'enfant. En Orient, l'antidote commandait de dire le contraire de la vérité. On disait d'un bel enfant qu'il était laid et d'un enfant intelligent qu'il était ignorant, pour tenter de semer la confusion au sein des forces du mal. Bien souvent, les parents chinois dénigraient d'emblée leurs enfants en utilisant des mots comme « ma misérable progéniture, laide et lamentable » pour détourner le mauvais œil. Dans le sud de la Russie, les mères ordonnaient à leurs enfants de faire le signe de la *figa* sitôt que la personne qui les avait complimentés leur tournait le dos[15]. Au Moyen-Orient, les garçonnets étaient parfois habillés en fillettes, encore une fois pour tenter de confondre le démon.

Dans diverses parties du monde, on cultivait aussi certaines plantes pour repousser le mauvais œil. En Angleterre, on semait du pois sabre, parce que l'on croyait qu'il protégerait les potagers. L'ail était populaire en Grèce, le trèfle blanc était utilisé en Irlande, et l'orge était un remède populaire en Inde. Pour éloigner le mauvais œil en Europe, vous pouviez dire : « Prends cet ail dans les yeux[16]. »

La verveine est une herbe efficace aux multiples vertus. Une branche de cette plante fixée à la porte d'entrée de votre demeure la protégera et empêchera toute négativité d'y entrer. Par ailleurs, si quelqu'un regarde l'un de vos biens avec un œil envieux, vous pouvez frotter l'objet avec quelques feuilles de verveine pour dissiper tout effet néfaste.

Le fait de croiser les doigts a la réputation d'être un antidote efficace quand vous rencontrez quelqu'un que vous soupçonnez d'avoir le mauvais œil. Il ne faut pas qu'il vous voie faire le geste. Après son départ, vous pouvez aussi cracher par terre pour renforcer votre protection.

Même si de nos jours, en Occident, peu de gens croient encore au mauvais œil, la protection psychique reste nécessaire, car tout le monde est exposé à la colère, à la négativité, à la jalousie, à divers facteurs de stress ou d'inquiétude. À un moment donné, quelqu'un peut délibérément envoyer des ondes négatives à une personne qu'il n'aime pas ou qu'il envie. Certains sont plus à même que d'autres de supporter les pressions du quotidien, mais même ceux-là ont parfois besoin d'aide. La protection psychique bénéficie à tous.

Dans les prochains chapitres, nous étudierons les principales méthodes à mettre en œuvre.

CHAPITRE 2

TALISMANS, AMULETTES ET PORTE-BONHEUR

Plusieurs méthodes de protection psychique ont traversé le temps. Elles regroupent des gestes de la main, comme le signe de la *figa* (serrer le poing en sortant le pouce entre l'index et le majeur), le port d'amulettes et de charmes, l'utilisation du sel et de parfums, et le renforcement de l'aura.

L'utilisation des amulettes, des charmes et des talismans est sans doute la méthode la plus ancienne. Bien que les trois termes puissent sembler synonymes, chacun a un sens légèrement différent. Les talismans génèrent une puissance active, les amulettes fournissent une protection passive et les charmes attirent la chance et protègent contre la malchance.

Les talismans

On ignore l'origine des talismans, mais ils remontent probablement à l'âge de pierre. Au début, il s'agissait d'objets fabriqués à partir d'éléments d'origine animale, par exemple une plume d'aigle ou une dent de requin. Ils avaient un effet protecteur et conféraient à leur détenteur certaines des qualités de l'animal dont ils provenaient.

Cette sorte de talisman est toujours en usage mais il est plus courant d'en créer un spécifiquement pour son propriétaire, car ce type de talisman est conçu pour procurer des avantages particuliers à celui qui le porte. Il donne du pouvoir et de l'énergie en même temps qu'il protège. Des exemples remontant au Paléolithique et au Néolithique sont parvenus jusqu'à nous. On a aussi découvert des instructions concernant la fabrication et l'utilisation des talismans sur des papyrus égyptiens.

Toujours utilisé de nos jours, la *mézouzah* juif est un bon exemple de talisman primitif. Elle protège le foyer et son utilisation est commandée dans certains passages de la Bible : « Tu les écriras sur les poteaux de ta maison et sur tes portes » (Deutéronome 6,9). La *mézouzah* est un cylindre creux contenant un morceau de parchemin sur lequel est écrit : « Entends, ô Israël, le Seigneur notre Dieu est Un. » Elle est clouée au montant de la porte d'entrée pour consacrer et bénir la demeure. Les occupants l'embrassent ou la touchent chaque fois qu'ils passent devant.

On rapporte qu'au premier siècle de notre ère, Apollonios de Tyane possédait un talisman capable d'éliminer tous les scorpions d'Antioche. Il aurait enfoui une représentation en bronze du scorpion dans le sol et placé un pilier par-dessus. Tous les scorpions quittèrent la ville[1].

Catherine de Médicis (1519-1589) commanda un talisman qui lui conféra des pouvoirs de clairvoyance. Il était constitué de plusieurs métaux associés à certaines phases astrologiques. Son talisman fut détruit après sa mort, mais on peut encore en voir une copie à la Bibliothèque nationale de France, à Paris.

Il n'est pas essentiel que les talismans soient fabriqués à partir de métaux précieux. À Hong Kong, j'ai vu des gens se servir de photographies et de photocopies de documents pour les aider dans leurs études. En général, ils conservent ces photos dans leur porte-monnaie ou leur sac à main, de façon à pouvoir les regarder et les manipuler quand ils ont un moment.

On utilise les clochettes à la fois comme amulettes et comme talismans depuis des milliers d'années. Dans la Bible, il est écrit que des clochettes étaient fixées à l'ourlet des tuniques d'Aaron comme amulettes protectrices (Exode 28,33-35). Le fer avait la réputation d'être l'ennemi de Satan et l'on croyait aussi que les sons produits par les cloches l'effrayaient. Par conséquent, les cloches d'une église ne faisaient pas que convoquer les fidèles à l'office, elles effrayaient en même temps Satan et ses aides. Voilà pourquoi des clochettes étaient souvent attachées aux animaux et aux jouets des enfants au Moyen Âge.

Le sceau de Salomon, aussi appelé étoile de David, est sans aucun doute le talisman le plus célèbre de tous. Il s'agit d'une étoile à six branches formée de deux triangles imbriqués. Le triangle dont la pointe est dirigée vers le haut symbolise le feu, le ciel et la masculinité ; le triangle dont la pointe est dirigée vers le bas symbolise l'eau, la terre et la féminité. Ces deux triangles qui s'emboîtent représentent la nation d'Israël et la religion juive. Le sceau de Salomon confère une protection universelle à son porteur.

Il y a quelques années, de passage en Allemagne, j'ai visité le Würzburg Mainfranken Museum (musée de Wurtzbourg en Basse-Franconie) et j'ai vu un talisman qui avait été découvert sur le corps du comte Anselme, évêque de Wurtzbourg, après sa mort en 1749. Grossièrement tracé sur un bout de parchemin, le talisman se composait de l'étoile à six branches et de six caractères, probablement des symboles astrologiques.

En hébreu ancien, l'étoile de David est appelée « bouclier de David », parce qu'elle préservait les humains des énergies malsaines.

Au Moyen Âge, le tétragramme était un talisman populaire qui protégeait son porteur des ennemis et favorisait la paix, les amitiés intimes et la longévité. Ce mot, qui signifie « les quatre lettres » en grec, est formé des quatre consonnes hébraïques (YHWH) que les premiers copistes juifs utilisaient à la place du nom de Dieu, qui ne devait pas être prononcé. Le tétragramme se prononce souvent Yahweh. Cependant, les juifs pratiquants ne l'utilisent jamais. Chaque fois que ce mot apparaît dans les écritures, il est remplacé par le terme Adonaï (Seigneur). Le talisman a habituellement la forme d'un pentacle, avec les cinq syllabes du tétragramme inscrites sur chaque pointe.

Les amulettes

Les amulettes ont la réputation de protéger leur porteur, de lui éviter la maladie et la malchance. Passives, elles réagissent aux événements et aux circonstances de la vie de leur propriétaire. À l'instar des talismans, elles étaient à l'origine confectionnées à partir d'éléments naturels. Les trèfles à quatre feuilles et les pattes de lapin sont des exemples de ce type d'amulettes. Toutefois, l'être humain n'a pas mis longtemps avant de découvrir que les ornements corporels qu'il fabriquait, en particulier les bijoux, faisaient de bonnes amulettes de protection. Au début du

XXe siècle, bon nombre de policiers new-yorkais portaient une médaille de saint Jude, considéré comme leur saint patron, en guise d'amulette protectrice.

Abracadabra

De nos jours, le mot *abracadabra* est généralement considéré comme un mot absurde que les prestidigitateurs prononcent en faisant leurs tours de magie. On ne connaît pas les origines de cette formule, mais la première référence écrite, accompagnée d'instructions concernant son utilisation, était incluse dans un poème de Quintus Serenus Sammonicus, qui était le médecin de l'empereur Septime Sévère durant son expédition en Grande-Bretagne, en l'an 208 de notre ère.

Au Moyen Âge, le mot était considéré comme une formidable « amulette » contre les fièvres et toute forme d'énergie négative.

On écrit le mot *abracadabra* onze fois, en omettant une lettre chaque fois, de façon à obtenir une disposition en triangle, symbole de la Sainte Trinité.

A B R A C A D A B R A
A B R A C A D A B R
A B R A C A D A B
A B R A C A D A
A B R A C A D
A B R A C A
A B R A C
A B R A
A B R
A B
A

Cette amulette était d'ordinaire dessinée sur un morceau de parchemin que l'on portait au cou ou sur soi durant neuf jours avant de le jeter. Idéalement, on le lançait par-dessus son épaule gauche dans un cours d'eau qui coulait d'est en ouest, avant le lever du soleil. Il y a une raison à cette façon de faire : le côté gauche est associé au démon et l'amulette est jetée dans une rivière qui coule en direction du soleil levant. La lumière du soleil levant bannit toutes les énergies négatives absorbées par l'amulette.

Le gland

Le gland est utilisé comme élément de protection depuis l'époque des druides, qui célébraient leur culte dans des bosquets de chênes sacrés. Jadis, en Grèce, le sanctuaire de Dodone où étaient rendus les oracles était établi dans une forêt de chênes et, à la même époque, les Romains confectionnaient des couronnes de feuilles de chêne symbolisant le courage et la bravoure.

De nos jours, certaines personnes placent encore des glands sur les rebords de leurs fenêtres pour protéger la maisonnée. On considère aussi le gland comme un charme qui attire la chance et la longévité.

La croix de vie

On ne connaît pas l'origine de la croix de vie. Cependant, cette croix, dont le sommet se termine par une boucle au lieu d'une branche verticale, est utilisée comme amulette de protection depuis l'Égypte ancienne.

Le corail

Comme le corail ressemble aux branches d'un arbre, il porte à la fois le symbolisme de l'eau et celui des arbres. Le corail rouge symbolise le sang, signe de vie et, en définitive, de l'âme. Les Romains utilisaient autrefois le corail rouge pour repousser les esprits malins et le mauvais œil. Les ornements et les bijoux en corail servent encore aujourd'hui d'amulettes.

La croix

La croix est considérée comme un ornement que l'on porte pour affirmer sa foi chrétienne. Elle sert aussi d'amulette protectrice depuis des milliers d'années. Les chrétiens ont commencé à l'arborer comme symbole d'identification après que l'empereur Constantin eut la vision d'une croix en l'an 312, peu de temps avant de remporter une bataille décisive.

Au Moyen Âge, on portait, pour se protéger des enchantements magiques, des amulettes de cire en forme de disque, dépeignant un agneau devant une croix. Cette amulette, appelée l'*Agnus Dei* (« agneau de Dieu »), devint si populaire qu'un décret papal fut édicté en 1471, accordant les droits exclusifs de fabrication au pape. Elle reste à ce jour une importante source de revenus pour l'Église catholique romaine[2]. Je trouve cela tout à fait fascinant, l'Église ayant condamné d'entrée de jeu l'utilisation des amulettes.

La pièce de 10 cents

D'ordinaire, on porte une pièce de monnaie en guise de porte-bonheur, mais la pièce américaine de 10 cents est une exception à la règle, puisqu'elle a une fonction d'amulette protectrice. Jusqu'en 1966, les pièces de 10 cents frappées aux États-Unis contenaient 90 % d'argent et 10 % de cuivre (à noter que celles fabriquées en 1965 et 1966 portaient la date de 1964). Il semble que la pièce d'argent de 10 cents noircit quand son propriétaire est l'objet d'une malédiction. Cette croyance est liée à une ancienne coutume qui voulait que l'on mette des pièces de 10 cents en argent dans les chaussures. La poudre de malédiction qui sert à jeter un sort contient du soufre. Donc, si l'on glissait secrètement une poudre de malédiction dans vos chaussures, le soufre faisait noircir la pièce.

Bien que le soufre constitue le principal ingrédient de la poudre de malédiction, la terre de cimetière, le sel, le poivre rouge et la peau émiettée d'un serpent ou un insecte réduit en poudre sont aussi ajoutés au mélange. Appelée « poudre Goofer » dans la tradition vaudou, elle n'a qu'un usage : jeter un sort à quelqu'un.

Le jade

En Orient, le jade a toujours été considéré comme l'une des plus puissantes pierres de protection qui soient, et il n'est pas rare que les hommes d'affaires aient en main des amulettes de jade quand ils s'engagent dans d'importantes négociations commerciales[3]. Le jade vert est associé à la fertilité et à l'expansion. On porte cette pierre pour se protéger de la maladie, favoriser un sommeil régénérateur et des sentiments de bonheur et de bien-être.

Les nœuds

Selon une croyance largement répandue à travers le monde, on peut prendre au piège les esprits malins dans des nœuds.

Ces derniers ont donc toujours servi d'amulettes pour protéger les humains des esprits malveillants et d'autres formes maléfiques. On voit souvent des franges de nœuds aux linges d'autel, dans les églises. La frange sème la confusion parmi les esprits malins, tandis que les nœuds les prennent au piège et les empêchent de faire du mal.

Les parik-tils

J'ai connu les *parik-tils* lorsque j'avais une vingtaine d'années et que je vivais à Cornwall, en Angleterre. Ce sont des petits sacs à cordons utilisés par les Bohémiens qui contiennent une variété d'objets : glands, pièces de monnaie, plumes, herbes, pierres, morceaux de papier sur lesquels sont rédigés des sorts ou des paroles de sagesse. Les objets étaient choisis en fonction du dessein présidant à la création du sac. Les *parik-tils* sont généralement des amulettes qui protègent du mauvais œil et de toute autre forme de négativité. On peut aussi en fabriquer afin d'en faire des talismans qui attireront la santé, la longévité, l'amour et la prospérité.

Le carré magique

Le carré magique « Sator Arepo » est une amulette célèbre qui remonte à l'Empire romain. Plusieurs carrés ont été découverts sur les mosaïques qui ornaient nombre de sites romains, notamment à Pompéi, et à Cirencester, en Angleterre. On ne connaît pas le sens exact des mots qui composent ce carré magique, car le terme *arepo* n'est pas latin. Quoi qu'il en soit, la plupart des spécialistes avancent que le carré signifie : « Le laboureur à sa charrue », ou « en son champ, dirige les travaux. »[4] Le carré magique « Sator

Arepo » est écrit sur un parchemin et porté comme une amulette protectrice.

S	A	T	O	R
A	R	E	P	O
T	E	N	E	T
O	P	E	R	A
R	O	T	A	S

On peut le lire de gauche à droite, mais aussi à la verticale, en colonne, et à l'envers, tant horizontalement que verticalement.

L'échelle de sorcière

L'échelle de sorcière est un morceau de ruban ou de cordelette, tressé ou noué de façon à retenir de petits objets : plumes, coquillages, perles, clochettes et cristaux. Pour confectionner une telle échelle, vous aurez besoin de quelques morceaux de cordelette ou de ruban blanc et bleu de 45 cm (c'est une bonne longueur pour débuter). Vous pouvez utiliser le nombre de morceaux que vous voulez pour le tressage, mais, à moins d'avoir de l'expérience en la matière, il est préférable de commencer par trois morceaux. Une fois que vous aurez confectionné une première échelle, vous pourrez ensuite vous montrer aussi ambitieux que vous le voudrez.

Selon la tradition, le processus de fabrication s'étend sur une période donnée, d'ordinaire un mois lunaire. Vous pouvez néanmoins fabriquer votre échelle quand vous le souhaitez, tant que vous y travaillez toujours à la même heure et que vous étalez sa création sur une certaine période, par exemple une semaine ou un mois. Au besoin, vous pouvez confectionner une échelle de sorcière en une seule séance, mais elle sera plus puissante si sa création prend un certain temps.

Quand vous êtes prêt à commencer, rassemblez tous les matériaux nécessaires sur une table, y compris les morceaux de ruban et les objets que vous avez l'intention d'insérer dans l'échelle. Vous voudrez peut-être en sceller les extrémités à la cire de bougie. Vous pouvez aussi attacher une extrémité de l'échelle à une bague ou à un anneau, de façon à pouvoir la suspendre à un clou ou à un crochet.

Commencez à tresser une partie des cordelettes, puis insérez un des objets que vous avez choisis. Les petites cloches sont particulièrement efficaces pour les échelles créées à des fins de protection. On peut tresser certains objets, comme les plumes, dans l'échelle, tandis que d'autres seront fixés ou attachés autrement. Pensez à votre besoin et à votre désir de protection en confectionnant votre échelle de sorcière. Une fois que vous avez attaché un objet, rangez soigneusement votre ouvrage jusqu'à la prochaine fois. Vous serez peut-être impatient de terminer l'échelle, mais elle sera plus puissante et plus efficace si vous la fabriquez graduellement. Finalisez-la en la bénissant et en la remerciant de vous protéger. Embrassez-la et accrochez-la dans votre demeure, puis laissez-la faire son travail.

La confection de l'échelle de sorcière fait partie de la tradition folklorique de la magie des cordes ou des nœuds. Un autre exemple de ce type de magie, le nœud de bannissement, est présenté dans le chapitre 13.

Les porte-bonheur

Les porte-bonheur sont destinés à attirer la chance et la prospérité. Voilà pourquoi ils combinent certaines qualités des talismans et des amulettes. Ils sont souvent utilisés pour conférer protection et chance au-delà du simple bien-être.

Un exemple bien documenté de ce phénomène s'est produit en 1968, lorsque les entrepreneurs qui travaillaient au projet de fusée *Vanguard* pour le compte de la marine américaine ont attribué les nombreux échecs essuyés lors des essais à l'absence de médailles de saint Christophe dans les fusées. Saint Christophe est considéré comme le saint patron des voyageurs, et nombreux sont ceux qui emportent avec eux une médaille à son effigie quand ils s'en vont parcourir le monde. Une médaille a donc été fixée à la fusée suivante et l'essai s'est parfaitement déroulé[5].

N'importe quoi, ou presque, peut servir de porte-bonheur. Les boutons et les pièces de monnaie que l'on porte sur soi en sont des exemples répandus. Beaucoup collectionnent les breloques qu'ils attachent à un bracelet. Les meilleurs porte-bonheur sont ceux que l'on vous offre, car ils sont porteurs de l'amour et de l'amitié que leur donateur éprouve pour vous.

Le trèfle à quatre feuilles est sans conteste le porte-bonheur le plus connu et la majorité des gens en ont cherché un, à un moment ou un autre de leur vie. Une vieille comptine explique que chaque feuille représente un aspect de la vie :

« Une feuille est pour la gloire
Et une autre pour la richesse
Une pour un amour fidèle

Et la dernière pour une santé resplendissante
Tout cela dans le trèfle à quatre feuilles. »

Si vous trouvez un trèfle à quatre feuilles, conservez-le soigneusement. La croyance affirme que le donner à quelqu'un attirera la malchance.

Les châtaignes

Les châtaignes sont des porte-bonheur que l'on emporte couramment avec soi. Rien d'étonnant à cela puisqu'elles sont lisses et agréables à tenir et à manipuler. Les châtaigniers sont des arbres qui vivent longtemps, et selon la croyance, la personne qui porte sur elle une châtaigne s'attirera une partie de la santé et de la chance de l'arbre.

Comment se servir des porte-bonheur

Le propriétaire d'un porte-bonheur le porte en bijou ou dans une poche pour s'attirer la chance. En général, l'objet n'a pas été purifié ou traité avant son utilisation. Pour ma part, j'emporte rarement des porte-bonheur avec moi, mais si je le faisais, je commencerais par les purifier pour éliminer les énergies indésirables qu'ils auraient pu absorber avant d'entrer dans ma vie.

Il faut traiter les amulettes et les talismans avant de pouvoir s'en servir à des fins de protection. On purifie les amulettes à l'aide d'au moins un des quatre éléments traditionnels, à savoir le feu, la terre, l'air et l'eau.

Certains aiment faire appel aux quatre éléments. La chose n'est cependant pas toujours possible. Ainsi, l'amulette en papier ne résistera pas à sa purification par le feu. J'aime utiliser les quatre éléments quand la situation s'y prête, mais je dois parfois me contenter d'un seul élément, si les circonstances l'exigent.

Même si la purification des amulettes est une tâche plaisante, vous devez vous concentrer sur ce que vous faites et traiter le processus avec respect. Une approche désinvolte ou irrévérencieuse ferait probablement plus de mal que de bien.

Il y a deux façons de purifier une amulette par le feu. Vous pouvez vous procurer une bougie blanche et passer votre amulette à travers la flamme. La chandelle ne doit pas avoir servi à autre chose, et il faudra la jeter une fois que vous aurez purifié votre amulette. L'autre méthode consiste à choisir une belle journée ensoleillée et exposer votre amulette plusieurs heures au soleil. Les deux méthodes donnent des résultats équivalents.

Il y a trois façons de purifier votre amulette par la terre. Vous pouvez l'enfouir dans un sol sec et l'y laisser toute une nuit. Vous pouvez aussi réaliser un petit cercle de pierres dehors, déposer votre amulette au centre et l'y laisser toute une nuit. Ou encore enfouir votre amulette dans du sel durant vingt-quatre heures. Le sel ne doit pas avoir servi à autre chose, et il faudra le jeter par la suite.

Il y a également trois façons de purifier votre amulette en faisant appel à l'élément air. Vous pouvez sortir par une belle journée et, en faisant face à l'est et en tenant votre amulette dans vos deux mains tendues, l'élever le plus haut possible durant trente secondes. Répétez le geste en faisant face au sud, puis à l'ouest, puis au nord. Vous préférerez peut-être allumer une bougie blanche et passer votre amulette à travers la fumée qu'elle produira. L'encens est souvent utilisé pour remplir la même fonction. Enfin, vous pouvez aussi prendre plusieurs respirations lentes et profondes et laisser votre expiration imprégner votre amulette que vous tiendrez dans vos mains en coupe.

Vous pouvez enfin purifier votre amulette en la passant sous l'eau. L'eau du robinet fait l'affaire, mais l'eau de source ou d'une rivière est préférable. Laissez ensuite l'amulette sécher à l'air libre. Si ses composantes ne vous permettent pas de la passer sous l'eau courante, vous pouvez l'asperger de quelques gouttes d'eau de pluie et, au besoin, l'essuyer immédiatement avec du papier absorbant ou une serviette douce.

Fiez-vous à votre intuition et écoutez ce que votre amulette ou votre porte-bonheur vous dit. Il se peut que vous ayez l'intention de faire appel aux quatre éléments, et que vous découvriez, en cours de processus, que vous « savez » que votre amulette est purifiée après avoir recouru à un ou deux éléments.

Plusieurs méthodes permettent de consacrer un talisman pour qu'il accomplisse son dessein. L'une d'elles, simple et efficace, consiste à tenir votre talisman dans vos mains en coupe deux fois par jour, d'ordinaire le matin et le soir. Contemplez votre talisman et déversez-y toutes vos énergies. Pensez à ce que vous voulez qu'il fasse pour vous. Concentrez-vous sur cela aussi longtemps que vous le pouvez, et arrêtez dès que votre esprit se met à vagabonder. Enveloppez votre talisman dans de la soie et conservez-le en lieu sûr jusqu'au moment de renouveler le processus. Continuez ainsi autant de jours qu'il le faudra. Votre talisman vous avertira lorsqu'il aura atteint sa charge maximale. Vous percevrez son énergie caractéristique dès qu'il atteindra cet état. Dès lors, il sera prêt à l'emploi[6].

Les talismans, les amulettes et les porte-bonheur comptent parmi les éléments importants d'un arsenal protecteur, mais ils ne sont pas les seuls. Dans le prochain chapitre, nous étudierons des formes de protection moins évidentes : les senteurs, les parfums et les essences florales.

CHAPITRE 3

SENTEURS, PARFUMS ET ESSENCES FLORALES

Depuis l'aube de son histoire, l'être humain s'est intéressé à divers types de senteurs. Les prêtres sumériens, babyloniens, chaldéens, cananéens, hébreux et égyptiens utilisaient tous de l'encens dans le cadre de leurs rituels[1]. Les senteurs et les fragrances ont toujours été associées à la magie parce qu'elles peuvent modifier nos perceptions et nos sentiments. Il y a des milliers d'années, les prêtres égyptiens excellaient dans l'art de combiner les senteurs dans leurs encens de façon à induire des effets spirituels chez les personnes qui assistaient aux rituels et aux cérémonies. Par ailleurs, ils croyaient que la combustion de l'encens contribuait à maintenir une relation étroite avec les dieux.

Il y a quelques années, une amie a fait une expérience fascinante avec les membres d'un club dont nous faisions tous deux partie. À chacune de nos rencontres, elle utilisait des huiles d'aromathérapie différentes. Personne, sauf elle, ne savait lesquelles. Chaque senteur modifiait le cours de nos rencontres : certaines nous rendaient excitables et exubérants ; d'autres, calmes et introspectifs. Cette expérience a clairement démontré les effets de diverses senteurs sur nous.

L'être humain se sert moins de son odorat que par le passé. Il y a des milliers d'années, l'expression « sentir le danger » n'était pas une métaphore ; l'odorat permettait aux individus d'échapper à des situations potentiellement dangereuses.

Les Égyptiens utilisaient autrefois des parfums lorsqu'ils embaumaient leurs morts, et ils croyaient que l'âme montait au Ciel sur un nuage d'encens. Les Rois mages qui ont rendu visite à l'enfant Jésus lui ont apporté en cadeau des gommes aromatiques précieuses aux parfums suaves de myrrhe et d'oliban, des encens encore largement utilisés dans les rituels chrétiens.

Les parfums agissent sur les nerfs olfactifs, ce qui stimule le cerveau et fait naître de puissantes émotions. On ne s'étonnera pas que certains parfums soient des aphrodisiaques fort efficaces.

Certains ont la conviction que le parfum clarifie les idées. Napoléon Bonaparte se plongeait toujours la tête dans un bol rempli d'eau de Cologne avant de livrer bataille[2]. Les senteurs agréables éveillent les sens et nous rappellent de façon subconsciente des sentiments heureux et positifs. Les scientifiques ont démontré que les odeurs plaisantes induisent des sentiments d'étonnement et de joie, alors que les odeurs déplaisantes suscitent le dégoût et le chagrin[3]. C'est pourquoi vous devriez toujours bien aérer votre domicile et placer des fleurs odorantes dans les zones que vous fréquentez. Les odeurs exerçant un effet particulièrement puissant, certaines peuvent servir à votre protection.

Les senteurs végétales protectrices

L'acacia

Le parfum de l'acacia détend, apaise, chasse les inquiétudes et les préoccupations. Il a par ailleurs la réputation d'attirer la chance.

L'ambrette

L'ambrette est une plante au cœur rouge foncé qui produit de grosses fleurs jaunes. Son parfum persistant renforce la paix du foyer. Il favorise les relations familiales et la bonne entente.

L'angélique

On glisse parfois de l'angélique dans le lit des enfants afin de les protéger durant leur sommeil. Elle favorise les sentiments d'indépendance et d'assurance.

L'aubépine

La senteur agréable de l'aubépine fait naître un sentiment de calme. Elle protège de la négativité et de la mauvaise humeur d'autrui.

Le basilic

La senteur du basilic apaise l'inquiétude. C'est l'odeur idéale pour les anxieux chroniques. Elle permet de s'ouvrir au point de vue des autres et de s'expliquer avec diplomatie. Elle aiguise également l'intuition.

La bergamote

Elle donne de l'assurance, de la motivation et encourage les sentiments de bien-être et de bonheur. Apaisante pour l'esprit, la bergamote stimule le cœur et l'âme.

Le bois de santal

En Inde, certains temples en bois de santal ont la réputation d'avoir conservé leur odeur durant plusieurs siècles. Les santals appartenant tous à l'État, leur récolte est strictement réglementée, ce qui en fait un bois coûteux.

Le *tilaka*, ligne ou marque que l'on voit tracée sur le front des femmes et des prêtres indiens, est souvent réalisé en pâte de bois de santal. Symbole du troisième œil, ce signe est associé à plusieurs déités hindoues et à l'illumination spirituelle. On l'arbore le plus souvent lors d'occasions spéciales, telles qu'un anniversaire, un mariage ou un jour sacré.

Les bouddhistes se servent du bois de santal pour rester concentrés durant leurs méditations.

Le parfum du santal calme et aide à se sentir en sécurité, même dans les situations difficiles. Il repousse la négativité et l'agressivité d'autrui. Il favorise la détente nécessaire à la contemplation des mystères de l'Univers. Il aide à cheminer vers l'illumination.

La camomille

La camomille élimine la négativité et permet de se libérer des vieux griefs. Elle dissout la critique, tant de soi que des autres, et fait naître une façon nouvelle de voir les situations passées.

La cannelle

L'odeur de la véritable cannelle (ou cannelle de Ceylan) aide à retrouver la joie de vivre. Elle atténue l'introversion, permet d'être plus ouvert, plus sociable, de se défaire de ses inhibitions et d'agir plus librement. Attention à ne pas la confondre avec une épice très ressemblante que l'on trouve facilement sur les marchés et qui est, en réalité, de l'écorce de cassier. Bien qu'ayant une odeur et un goût prononcés, cette fausse cannelle n'a pas le même effet sur l'intellect et l'esprit que la vraie.

Le cèdre

La senteur du cèdre réconforte et intensifie les sentiments positifs et heureux. Elle favorise la vie familiale. Le cèdre insuffle la volonté, la détermination et le courage.

Le champaca

Le *Michelia champaca* est un arbre à feuillage persistant du sud de l'Asie. Son parfum dissipe les sentiments négatifs et l'anxiété, et les remplace par une sensation de bien-être et de bonheur. C'est pour cette raison que cet arbre est parfois appelé « l'arbre au parfum joyeux ».

Le chèvrefeuille

Le parfum subtil du chèvrefeuille apaise la nervosité et permet d'envisager les situations difficiles de façon calme et rationnelle.

Le ciste

Le ciste a une odeur qui s'apparente à celle de l'ambre[4]. Sa senteur stimule les pensées positives et heureuses et rend plus optimiste.

Le citron

Le citron élimine les sentiments négatifs et encourage à penser avant d'agir. Il stimule l'intellect, atténue la tension nerveuse, le doute et l'inquiétude, favorisant ainsi une réflexion claire et logique.

La citronnelle

La citronnelle stimule le sentiment d'audace et la bravoure. Elle insuffle de la vitalité et incite à se montrer optimiste face à l'avenir.

Le clou de girofle

La senteur du clou de girofle invite à la relaxation et favorise l'exploration de possibilités nouvelles. Elle libère des vieux schémas du passé – pensées, biens matériels et connaissances – qui empêchent de progresser.

Le cumin

L'odeur du cumin favorise la clarté intellectuelle et une approche positive de la vie. C'est un parfum efficace contre l'adversité. La croyance veut aussi qu'il renforce les liens entre mari et femme.

Le cyprès

Le cyprès confère protection et soutien lorsqu'on s'aventure dans des territoires inconnus et inexplorés. Il permet de sortir de sa zone de confort, d'entrevoir de nouvelles possibilités et d'avancer avec confiance dans une autre direction.

L'estragon

En plus de donner confiance en soi, la senteur de l'estragon induit un sentiment de responsabilité. Elle permet de voir des possibilités et des défis nouveaux, auparavant indiscernables.

L'eucalyptus

Le parfum de l'eucalyptus dissipe les regrets liés aux erreurs passées et incite à poursuivre son cheminement dans la joie et la bonne humeur. L'eucalyptus favorise les sentiments de légèreté, de spontanéité et de liberté.

Le fenouil

La senteur du fenouil donne la confiance nécessaire pour atteindre des objectifs précis, pour viser plus haut que jamais et s'affirmer. Le fenouil donne du courage et de l'endurance.

Le gardénia

Le parfum du gardénia aide à défendre ce qui est honnête et vrai. Il renforce par ailleurs les liens entre les membres d'une famille.

Le genièvre

La senteur du genièvre élimine la négativité chez les individus et dans les demeures. Elle permet de prévoir et de concevoir des plans positifs et constructifs pour l'avenir.

Le géranium

Le parfum du géranium ramène un équilibre quand les émotions jouent aux montagnes russes, il permet de retrouver le sentiment d'être aux commandes de son existence. Il aide aussi les bourreaux de travail à savoir quand s'arrêter et se détendre pour accueillir plus de joie dans leur vie.

L'héliotrope

Le parfum de l'héliotrope intensifie la spiritualité et l'intuition. Il remonte le moral et encourage chacun dans son cheminement spirituel.

L'iris

La senteur de l'iris favorise la sensation de bien-être et une meilleure communication. Cette fleur apporte le calme et la paix de l'esprit.

La jacinthe

La jacinthe a une odeur particulièrement utile, car elle encourage les gens à croire en eux. Elle procure calme, assurance et optimisme.

Le jasmin

Le parfum du jasmin favorise l'harmonie et la coopération. Il installe un sentiment d'équilibre et stimule la capacité de bien s'entendre avec autrui. Il inspire par ailleurs des idées positives, ce qui le rend particulièrement utile à toute personne engagée dans une activité de création.

Le laurier

Le laurier dissipe la négativité, favorise la paix et le bien-être, il aiguise la perception psychique. On affirme que la Pythie de Delphes mâchait du laurier pour aiguiser son intuition.

La lavande

La lavande a un parfum apaisant qui favorise la détente et l'harmonie. Elle nourrit et revitalise l'esprit, le corps et l'âme. Son parfum protège de la négativité et des attaques verbales. Il donne à l'être la force et l'assurance nécessaires pour l'aider à reprendre son cheminement.

La lime

La senteur de la lime élimine le stress et les frustrations. Elle est particulièrement utile aux personnes qui ont du mal à se détendre. Elle protège aussi des maladies infectieuses. La lime encourage à persévérer dans ses efforts pour atteindre des objectifs louables.

Le lis

Le parfum du lis aiguise l'intuition et il a la réputation de porter chance. Il encourage les pensées spirituelles et nourrit toutes les relations.

La marjolaine

La marjolaine dissipe l'anxiété ainsi que les pensées et la tendance à l'autodépréciation. Son parfum est particulièrement utile aux personnes qui voient le mauvais côté de la vie plutôt que le bon. Au besoin, il induit un sentiment de protection et de soutien.

La menthe poivrée

Le parfum de la menthe poivrée possède un effet stimulant. Il aide l'être à comprendre le véritable but de son existence et à surmonter les défis qui jalonnent son chemin vers la réussite.

Le mimosa

Le parfum du mimosa fait naître la confiance et l'optimisme. Il élimine les émotions négatives et renforce la capacité à pardonner à autrui.

Le muguet

Le parfum du muguet évoque la sécurité, le bien-être et l'abondance. Il encourage l'entraide désintéressée, sans l'attrait d'une récompense.

La muscade

La muscade épicée attise les passions et le dynamisme. Elle stimule la motivation et le désir de réussir. Elle permet d'affronter des défis et des situations auparavant jugés difficiles ou impossibles à surmonter.

La myrrhe

La myrrhe a une odeur un peu âcre. C'est l'un des parfums que les Rois mages ont emportés lors de leur marche jusqu'à l'enfant Jésus. Voilà pourquoi on l'utilise pour favoriser la spiritualité, et il s'avère particulièrement efficace pour ceux qui veulent méditer sur un plan plus profond.

Le myrte

L'odeur du myrte encourage les gens à regarder vers l'avenir, à faire des projets et à rester optimistes en dépit des événements. Le myrte purifie l'esprit, le corps et l'âme.

Le narcisse

Le narcisse a un parfum agréable qui incite à faire preuve de tact et de bienveillance dans nos rapports avec autrui.

L'œillet

L'œillet donne du courage et de la vitalité. Il soutient les individus appelés à défendre leurs droits ou à gérer des situations qui, autrement, pourraient s'avérer anxiogènes.

L'oliban

L'oliban, ou encens, protège contre le stress, la pression et les soucis. Il permet de viser haut, tout en gardant fermement les pieds sur terre. Il accroît la sagesse et le désir d'apprendre et de grandir. L'oliban est efficace pour méditer et développer la spiritualité.

Le pamplemousse

La senteur du pamplemousse purifie les émotions. Elle suscite des sentiments d'optimisme et de joie, tout en éliminant les pensées et les sentiments néfastes ainsi que les frustrations. Elle permet de jeter un regard nouveau sur le monde.

Le patchouli

Le patchouli procure des sentiments de paix, de coopération et d'équilibre émotionnel. Il permet de gérer des situations difficiles de façon calme et assurée. Il favorise également les relations intimes.

Le piment de la Jamaïque

L'odeur du piment de la Jamaïque revigore le corps physique et encourage la pensée positive. Elle renforce également la motivation et l'enthousiasme.

Le pin

La senteur du pin permet à l'être de reconnaître sa véritable valeur. Elle l'aide à lâcher prise sur le passé et à vivre le moment présent, libéré du poids de la culpabilité et d'autres bagages négatifs. Elle intensifie les sensations de bonheur et de bien-être.

Le romarin

Le romarin est une herbe purifiante. Sa senteur accroît l'assurance et l'estime de soi. Elle favorise la créativité et permet à chacun de croire à sa capacité d'accomplir tout ce qu'il se met en tête de réaliser.

La rose

Le parfum de la rose apporte la chance au foyer. Il est bon pour le corps, l'esprit et l'âme, et favorise les relations intimes. Il est particulièrement bénéfique pour les personnes qui manquent d'ouverture affective et les incite à vivre l'amitié et l'amour.

La sauge sclarée

La sauge sclarée centre l'âme et accroît la créativité. Elle a une senteur relaxante qui favorise le sommeil et induit de beaux rêves.

Le thym

Le thym accroît l'harmonie au foyer. Il apporte de l'énergie et suscite l'enthousiasme, en plus d'encourager à viser haut. Par ailleurs, il donne de la force et de la volonté.

Le trèfle

La senteur délicate du trèfle calme l'intellect, diminue l'anxiété et favorise le bonheur et l'harmonie.

La verveine des Indes

Le parfum de la verveine des Indes permet de repousser les frontières et les limites que l'on a créées, et d'avancer avec confiance et optimisme. Il favorise la concentration et aiguise l'intuition.

La verveine officinale

La senteur de la verveine confère du courage dans les situations difficiles ou anxiogènes. Elle aide à développer son autonomie et incite à résister aux propositions inopportunes d'autrui.

Le vétiver

Le parfum du vétiver aide à rester ancré et en contact avec la Terre-mère. C'est une fragrance protectrice aux vertus stabilisatrices qui recharge toutes les cellules de l'organisme.

La violette

Le parfum de la violette a été associé à la longévité. Il donne de l'énergie, de la vitalité et un sentiment de joie.

Utiliser les fragrances

Pour bénéficier des vertus de ces fragrances, le plus simple consiste à les acheter sous forme d'huiles essentielles, que l'on obtient à partir des différentes parties d'une plante. Malheureusement, les huiles essentielles de qualité coûtent cher, parce qu'il faut une grande quantité de végétaux pour obtenir une petite quantité d'huile. Ainsi, 30 à 40 roses sont nécessaires pour récupérer une seule goutte d'huile essentielle.

Les huiles synthétiques sont beaucoup moins coûteuses, mais ne procurent pas les mêmes bienfaits que les vraies. S'agissant d'un enjeu aussi important que votre protection, il est indispensable de privilégier la qualité et la pureté.

Il existe plusieurs façons d'utiliser les huiles. Vous pouvez acheter un brûleur électrique dans n'importe quelle boutique de produits d'aromathérapie. Ils sont sûrs et faciles à utiliser. Vous préférerez peut-être le mystère et le romantisme d'un brûleur de bougies. Dans ce cas, ne laissez jamais la chandelle brûler sans surveillance. J'adore les bougies mais j'utilise d'ordinaire un brûleur électrique, plus commode et plus sûr.

Vous aimeriez utiliser une huile essentielle en inhalation ? Dans ce cas, versez-en cinq gouttes dans un bol d'eau bouillante. Recouvrez votre tête et le bol d'une serviette et respirez les vapeurs qui s'en dégagent durant deux à trois minutes. Vous pouvez aussi mettre quelques gouttes sur un mouchoir que vous tiendrez près de votre nez.

L'une des façons les plus plaisantes de profiter de ces huiles est sans doute dans verser dans son bain. Pour ne pas salir la baignoire, vous devrez diluer l'huile choisie dans une base pour bain hydrosoluble dispersante. Vous en trouverez sûrement dans le magasin où vous aurez acheté vos huiles essentielles.

Vous pouvez également parfumer vos draps avec quelques gouttes d'huile essentielle (la majorité d'entre elles ne tachent pas, mais mieux vaut être prudent avec les huiles foncées) ou en répandre quelques gouttes dans les coins de chaque pièce de la maison pour obtenir une forme de protection odorante. Pour ma part, j'en humecte aussi le siège de ma voiture pour m'assurer un trajet agréable, relaxant et sans danger.

L'encens

L'être humain fait brûler de l'encens depuis des milliers d'années. Dans la Genèse, premier livre de la Bible, il est mentionné que Noé « offrit des holocaustes sur l'autel.

L'Éternel sentit une odeur agréable » (Genèse 8,20-21). La Bible fait plusieurs fois référence à l'action d'encenser, ce qui en montre bien l'ancienneté[5].

À l'origine, l'encens était brûlé en guise d'offrande destinée au plaisir des dieux. Les Égyptiens faisaient autrefois brûler de l'encens trois fois par jour pour Rê, le dieu Soleil : de l'oliban, lorsque le soleil se levait ; de la myrrhe, lorsqu'il était au zénith ; et du *kyphi*, lorsqu'il se couchait au crépuscule.

Le *kyphi* était un mélange de seize ingrédients, préparé par les prêtres durant un rituel secret qui exigeait des mois de travail. Cet encens induisait la paix et le calme chez quiconque le respirait. Dans son *Traité d'Isis et d'Osiris*, Plutarque précise : « Le kyphi est un parfum composé d'un amalgame de seize substances : de miel, de vin, de raisins secs, de souchet, de résine, de myrrhe, d'aspalathe, de tordyle d'Apulie, de lentisque, d'asphalte, de jusquiame, de patience, de grand genièvre, de petit genièvre (car il y en a deux espèces), de cardamome et de calame. Ces ingrédients sont combinés de façon méthodique, et la formule de la composition du parfum inscrite dans les livres sacrés est lue à haute voix pendant sa préparation. »[6]

Les premiers chrétiens se méfiaient de l'utilisation faite par les juifs et les païens de l'encens et ne s'en servaient qu'à des fins de purification. Quoi qu'il en soit, à partir du ve siècle, l'encens a gagné en popularité et a fini par faire partie des rituels des services religieux. Cela n'a rien d'étonnant, puisqu'il est agréable de penser que nos prières s'élèvent jusqu'au Ciel dans les spirales d'un encens à l'odeur suave.

À l'époque médiévale, les magiciens utilisaient l'encens pour conjurer les esprits. De nos jours, ils le réservent à de multiples usages, dont la relaxation, l'instauration d'un état d'esprit propice à la célébration de rituels, la purification des lieux et la création d'une atmosphère favorisant le travail magique.

Aujourd'hui, il est très facile de se procurer de l'encens prêt à l'usage, sous forme de poudre, de cônes ou de bâtonnets, et la plupart des gens s'en contentent quand il s'agit de purifier leur foyer et leur lieu de travail.

Si vous achetez de l'encens à des fins de protection énergétique, vous avez intérêt à en choisir un qui contienne surtout des herbes traditionnellement utilisées à cet effet. Les plus populaires sont l'aloès, l'angélique (racine), l'anis, le baume de Galaad, le basilic, le laurier noble, la bétoine, le carvi, la camomille, la potentille, le clou de girofle, la coriandre, l'aneth, le sang-de-dragon, le fenouil, la fougère, l'ail, l'aubépine, le houx, l'hysope, le lierre, la lavande, le lilas, la mandragore, la marjolaine, la reine des prés, le gui, l'armoise commune, la molène (ou bouillon blanc), l'ortie, l'oignon, la menthe pouliot (sauf si vous êtes enceinte), la pervenche, la rose, le romarin, le sorbier des oiseaux, la rue, la sauge, le millepertuis, le bois de santal, la verveine, l'hamamélis de Virginie et l'absinthe.

Mais l'encens n'est pas très difficile à fabriquer, et je connais plusieurs personnes qui aiment préparer le leur. Si cela vous intéresse, vous trouverez facilement des livres présentant des instructions complètes sur cet art[7].

La purification par fumigation

Dans son acception moderne, le terme « fumigation » désigne la pratique qui consiste à brûler des herbes et des épices pour nettoyer et purifier des personnes, des objets rituels ou des lieux, par exemple l'intérieur des maisons.

Autrefois, on faisait passer le bétail à travers la fumée pour le débarrasser des parasites. Les Amérindiens brûlaient de la sauge, de l'avoine odorante, du cèdre et du genièvre à des fins purificatrices. Jusqu'à une époque relativement récente, les demeures rurales du Royaume-Uni étaient nettoyées le 1er mai avec de la fumée de romarin afin d'en chasser la négativité, de les préparer pour la nouvelle saison et de les protéger. Aujourd'hui encore, la fête celtique de Beltaine, qui se déroule au coucher du soleil du 30 avril au 2 mai, célèbre l'arrivée de l'été et la fertilité de la terre.

Vous pouvez purifier votre foyer par fumigation en vous servant d'une herbe unique ou d'un mélange de votre choix. La tradition veut que l'on emploie la sauge et le romarin pour nettoyer une maison. Déposez les herbes dans un bol résistant au feu. Comme elles génèrent beaucoup de chaleur en brûlant, vous aurez intérêt à choisir soigneusement votre contenant. Brûlez les herbes et éventez doucement la fumée afin qu'elle s'élève et répande une agréable senteur dans toute la maison. N'oubliez pas de laisser au moins une fenêtre ouverte. Sur le plan symbolique, cela permet l'évacuation de l'énergie négative.

Par commodité, beaucoup préfèrent utiliser des bâtons de fumigation (petits fagots d'herbe). Il suffit de tenir le bâtonnet allumé et de faire le tour de sa demeure pour que toutes les pièces reçoivent de la fumée.

Lorsque vous purifiez votre foyer, n'oubliez pas de vous purifier vous, ainsi que les membres de votre famille. L'opération est facile à réaliser avec un bâton de fumigation. En commençant par l'extérieur du pied gauche, faites monter la fumée le long de la jambe. Puis purifiez les deux côtés du bras gauche (intérieur et extérieur) et montez jusqu'au sommet de la tête, avant de faire la même chose de l'autre côté du corps en redescendant vers l'extérieur du pied droit.

Il existe en outre des sprays d'aromathérapie, notamment de sauge, de cèdre, de lavande, de marjolaine ou de pin. Cela étant, vous n'êtes pas obligé d'attendre le 1er mai ou un jour précis pour purifier votre demeure par la fumigation. Vous pouvez le faire quand elle a été le théâtre d'une discorde ou quand vous ressentez le besoin d'en chasser la négativité.

CHAPITRE 4

PIERRES ET CRISTAUX

Tout au long de son histoire, l'être humain a accordé de la valeur aux cristaux et aux pierres. Durant des milliers d'années, il les a utilisés à des fins ornementales et curatives ainsi qu'en guise de talismans et d'amulettes de protection. Les couleurs vives et la rareté des pierres précieuses devaient captiver les premiers hommes, car on a découvert un grand nombre de joyaux dans les sépultures antiques ; ils avaient probablement été enfouis avec les défunts pour les protéger durant leur voyage vers l'autre monde.

Il est fascinant de penser que l'homme s'est paré de colliers et de boucles d'oreilles bien avant de porter des vêtements[1]. Des couronnes, diadèmes et tiares ornant leur tête jusqu'aux bagues d'orteil et bracelets de cheville, les premiers êtres humains ont décoré presque toutes les parties de leur corps de pierres précieuses.

Les Égyptiens faisaient grand usage des amulettes de pierres précieuses. Les archéologues qui ont exhumé à Cheikh Abd el-Gournah une sépulture vieille de 3 500 ans ont découvert la momie d'une jeune femme apparemment de sang noble. Elle portait un collier composé de quatre rangs de perles, en forme de pendentifs représentant des dieux et plusieurs symboles sacrés. Elle portait également deux autres colliers, plus petits, en or, lapis-lazuli et cornaline, deux grosses boucles d'oreilles ornées de joyaux précieux, une bague représentant un scarabée, une ceinture en or (elle aussi sertie de lapis-lazuli et de cornaline) et un bracelet en or. Son imposant collier était manifestement une puissante amulette de protection[2].

Le roi Toutânkhamon a régné sur l'Égypte il y a environ 3 300 ans. Lorsqu'ils ont découvert la tombe du jeune roi, en 1922, les archéologues ont aussi trouvé un trésor : une collection d'amulettes, de bracelets, de bagues, de colliers et de pectoraux en or, tous sertis de pierres précieuses. De nombreux ouvrages décrivent l'expertise et le savoir-faire des artistes créateurs de ces joyaux.

En Égypte ancienne, certaines pierres étaient utilisées pour des amulettes spécifiques ; le *Livre des morts* en donne d'ailleurs de nombreux exemples. Ainsi, le lapis-lazuli était souvent sculpté en forme d'œil afin de protéger les morts.

Les anciens textes indiens, comme le *Ramayana* et la *Bhagavad-Gita*, décrivent de façon très détaillée les différents bijoux de leurs protagonistes. Chacun représentait un élément religieux ou protecteur important. La plus ancienne amulette indienne est sans conteste la bague *navaratna*, sertie de neuf pierres précieuses, qui protégeait son porteur d'influences célestes fâcheuses.

Dans la Bible, on trouve également de nombreuses références aux pierres précieuses. Ainsi, le premier livre mentionne l'onyx (Genèse 2,12). Le pectoral d'Aaron était serti de douze pierres précieuses :

« Tu feras le pectoral du jugement, artistement travaillé ; tu le feras du même travail que l'éphod ; tu le feras d'or, de fil bleu, pourpre et cramoisi, et de fin lin retors.
Il sera carré et double ; sa longueur sera d'un empan, et sa largeur d'un empan.
Tu y enchâsseras une garniture de pierres, quatre rangées de pierres : première rangée, une sardoine, une topaze, une émeraude ; deuxième rangée, une escarboucle, un saphir, un diamant ; troisième rangée, une opale, une agate, une améthyste ; quatrième rangée, une chrysolithe, un onyx, un jaspe. Ces pierres seront enchâssées dans leurs montures d'or.
Il y en aura douze, d'après les noms des fils d'Israël ; elles seront gravées comme des cachets, chacune avec le nom de l'une des douze tribus. » (Exode 28,15-21).

Dans le Nouveau Testament, saint Jean le Divin eut la vision des douze fondements des murs de Jérusalem, ornés de joyaux :

« La muraille était construite en jaspe, et la ville était d'or pur, semblable à du cristal pur.
Les fondements de la muraille de la ville étaient ornés de pierres précieuses de toute espèce : le premier fondement était de jaspe ; le deuxième, de saphir ; le troisième, de calcédoine ; le quatrième, d'émeraude ; le cinquième, de sardonyx ; le sixième, de sardoine ; le septième, de chrysolithe ; le huitième, de béryl ; le neuvième, de topaze ; le dixième, de chrysoprase ; le onzième, d'hyacinthe ; le douzième d'améthyste.
Les douze portes étaient douze perles ; chaque porte était d'une seule perle. La place de la ville était d'or pur, comme du cristal. » (Apocalypse 21,18-21).

Ceux qui voyageaient jadis sur les mers avaient besoin de toutes les protections possibles. Un lapidaire grec du IIIe ou IVe siècle énumère sept amulettes serties de pierres destinées à protéger les marins et les pêcheurs. La première, faite d'une escarboucle ou d'une calcédoine, protégeait les marins de la noyade. La deuxième était faite de cristal de roche ou de corindon. La troisième, en aigue-marine, chassait la peur. La quatrième, qui contenait une agate au cœur blanc, protégeait du mauvais œil. La cinquième était faite de corail et était attachée à la proue du bateau pour le protéger du mauvais temps. La sixième était probablement une agate rubanée, elle protégeait des tempêtes. La septième amulette était peut-être du jais, elle protégeait ceux qui voyageaient sur les fleuves ou l'océan[3].

La croyance dans les vertus de protection des pierres a persisté chez la majorité des gens jusqu'au XVIIe siècle au moins, avec toutefois quelques exceptions. Par exemple, quand on demanda au fou de la cour de l'empereur Charles Quint de décrire la vertu de la turquoise, il répondit : « Si vous deviez tomber d'une haute tour alors que vous avez une turquoise au doigt, la turquoise resterait intacte. »[4]

La pierre de naissance

Beaucoup portent une pierre associée à leur mois de naissance ou à leur signe astrologique. En général, ils ignorent tout de l'histoire de cette pratique et ne savent pas que ces pierres peuvent servir d'amulettes protectrices.

Le port d'une pierre associée à la date de naissance est une coutume relativement récente, ce qui est étonnant si l'on considère que Flavius Josèphe, l'historien juif du Ier siècle, et saint Jérôme, au IVe siècle, ont tous deux associé les douze pierres du pectoral d'Aaron aux douze signes du zodiaque. Hélas, selon les traductions, les pierres mentionnées dans la Bible varient. Certaines appellations apparaissant dans les premiers textes nous sont inconnues. Par ailleurs, il est possible que du temps de Moïse, les peuples d'Égypte n'aient pas connu toutes les pierres énumérées dans les traductions contemporaines. Pour compliquer un peu plus la situation, il y avait deux pectoraux. Le pectoral original, connu sous le nom de « pectoral mosaïque », a disparu lors de la destruction du premier temple de Jérusalem. Le pectoral examiné par Flavius Josèphe était celui du second temple et avait probablement été fabriqué au VIe siècle avant notre ère.

Selon George Frederick Kunz[5], la coutume de porter sa pierre de naissance est apparue en Pologne au XVIIIe siècle[6]. L'Institut américain de gemmologie affirme pour sa part qu'elle a débuté en Allemagne vers 1562[7]. Auparavant, certains possédaient des pierres pour les douze signes du zodiaque et les portaient aux moments opportuns.

Les premières listes de pierres associées aux mois de l'année s'appuyaient sur les douze pierres mentionnées par saint Jean le Divin. Les listes débutaient en mars, qui était le premier mois de l'année dans le calendrier précédant le calendrier julien :

Mois	**Pierre**
Mars	Jaspe
Avril	Saphir
Mai	Calcédoine
Juin	Émeraude
Juillet	Sardonyx
Août	Sardoine
Septembre	Chrysolite
Octobre	Béryl
Novembre	Topaze
Décembre	Chrysoprase
Janvier	Zircon hyacinthe
Février	Améthyste

Plusieurs listes furent établies au fil des ans. En 1912, les membres de l'Association nationale des bijoutiers américains en établirent une en espérant qu'elle deviendrait la norme. Mais d'autres associations professionnelles créèrent leurs propres répertoires. **En 1937, l'Association nationale des orfèvres de Grande-Bretagne dressa une liste de pierres de naissance** que le Conseil américain de l'industrie bijoutière adopta en 1952 *(voir tableau ci-dessous)*. Elle n'a pas grand-chose en commun avec la liste originale basée sur les « pierres des fondements » et seulement trois des pierres originales (l'améthyste, la sardonyx ou sardoine, et le topaze) conservent leur position.

Mois	Pierre
Janvier	Grenat
Février	Améthyste
Mars	Aigue-marine ou héliotrope
Avril	Diamant (ou cristal de roche)
Mai	Émeraude
Juin	Perle, pierre de lune (ou alexandrite)
Juillet	Rubis
Août	Péridot ou sardonyx
Septembre	Saphir (ou lapis-lazuli)
Octobre	Opale (ou tourmaline rose)
Novembre	Topaze (ou citrine)
Décembre	Turquoise (ou zircon)

Les pierres entre parenthèses font partie de la liste britannique mais sont exclues de celle du Conseil de l'industrie bijoutière. Les pierres entre parenthèses font partie de la liste du Conseil de l'industrie bijoutière, mais sont exclues de la liste britannique.

Les pierres et l'astrologie

Dans les *Antiquités judaïques*, Flavius Josèphe relie les pierres du pectoral d'Aaron aux douze signes du zodiaque. Il utilise à cette fin les couleurs et les vertus associées aux signes, ainsi que les propriétés prêtées à chaque pierre :

Signe astrologique	**Pierre**
Bélier	Héliotrope
Taureau	Saphir
Gémeaux	Agate
Cancer	Émeraude
Lion	Onyx
Vierge	Cornaline
Balance	Chrysolite
Scorpion	Béryl
Sagittaire	Topaze
Capricorne	Rubis
Verseau	Grenat
Poissons	Améthyste

Par ailleurs, les Grecs associaient eux aussi les signes astrologiques à différentes pierres. Ils appelaient cette étude la *lithica* :

Signe astrologique	**Pierre**
Bélier	Hématite
Taureau	Émeraude
Gémeaux	Pierres multicolores
Cancer	Adulaire
Lion	Rubis
Vierge	Béryl
Balance	Agate
Scorpion	Améthyste
Sagittaire	Turquoise
Capricorne	Onyx
Verseau	Ambre
Poissons	Corail

Bien d'autres listes ont été rédigées au fil des ans. Aleister Crowley, célèbre auteur, magicien et occultiste (1875-1947), a lui-même dressé la sienne[8] :

Signe astrologique	Pierre
Bélier	Rubis
Taureau	Topaze
Gémeaux	Alexandrite ou tourmaline
Cancer	Ambre
Lion	Œil-de-chat
Vierge	Péridot
Balance	Émeraude
Scorpion	Pierre noire
Sagittaire	Zircon hyacinthe
Capricorne	Diamant noir
Verseau	Verre
Poissons	Perle[9]

Aujourd'hui, devant un éventail de listes aussi différentes, il est logique de choisir une pierre que vous aimez et d'en faire votre pierre de naissance protectrice. Voici néanmoins certaines possibilités à considérer si vous voulez rester fidèle aux pierres de naissance généralement acceptées pour votre signe. Si vous n'aimez aucune des pierres qui lui sont associées, vous pouvez en choisir une parmi les deux autres signes qui partagent le même élément que le vôtre. Les signes de feu sont le Bélier, le Lion et le Sagittaire ; les signes de terre sont le Taureau, la Vierge et le Capricorne ; les signes d'air, le Gémeaux, la Balance et le Verseau ; et les signes d'eau, le Cancer, le Scorpion et le Poissons.

Les pierres liées à votre jour de naissance

En Inde, il est courant de porter les pierres correspondant au jour du mois de naissance. Lorsqu'elle est utilisée à des fins protectrices, la pierre doit être en contact direct avec la peau.

Il y a quelques circonstances où les pierres recommandées sont remplacées ou déconseillées. Pour cette raison, avant de considérer votre jour de naissance, additionnez ce jour, le mois et l'année, puis réduisez le total à un seul chiffre.

Par exemple, si vous êtes né le 12 août 1988, additionnez 1 + 2 + 8 + 1 + 9 + 8 + 8, et le total sera 37. Puis 3 + 7 =10. Et enfin, 1 + 0 = 1.

Les jours 1, 10, 19, 28

Si vous êtes né le 1er, 10, 19 ou 28 du mois, les meilleures pierres pour vous protéger sont l'ambre, la cornaline, le corail rouge, le grenat, l'opale rouge, le rubis, le saphir jaune, la pierre de soleil, la topaze jaune, la topaze dorée et la turquoise.

Cependant, si la réduction de la somme du jour, du mois et de l'année de votre naissance donne 2, 4, 7 ou 8, vous ne devriez pas porter de corail rouge, ni de rubis.

Les jours 2, 11, 20, 29

Si vous êtes né le 2, 11, 20 ou 29 du mois, les meilleures pierres pour vous protéger sont l'œil-de-chat, le jade vert, la pierre de lune, l'opale verte, la perle blanche et l'œil-de-tigre.

Les jours 3, 12, 21, 30

Si vous êtes né le 3, 12, 21 ou 30 du mois, les meilleures pierres pour vous protéger sont l'améthyste, le corail, l'émeraude et la topaze.

Les jours 4, 13, 22, 31

Si vous êtes né le 4, 13, 22 ou 31 du mois, les meilleures pierres pour vous protéger sont l'aigue-marine bleue, le corail blanc, le diamant, le grenat, le grenat hessonite, l'opale grise ou rouge-brun, le saphir bleu clair et le zircon.

Les jours 5, 14, 23

Si vous êtes né le 5, 14 ou 23 du mois, les meilleures pierres pour vous protéger sont le diamant, le saphir blanc et le zircon.

Les jours 6, 15, 24

Si vous êtes né le 6, 15 ou 24 du mois, les meilleures pierres pour vous protéger sont l'alexandrite, l'aigue-marine vert pâle, le béryl vert, l'héliotrope, le corail rouge, l'émeraude, le jade vert, l'opale verte, le péridot et le rubis.

Cependant, si la réduction de la somme du jour, du mois et de l'année de votre naissance donne 3, vous ne devriez pas porter d'émeraude. Remplacez-la par un saphir jaune ou une topaze dorée.

Les jours 7, 16, 25

Si vous êtes né le 7, 16 ou 25 du mois, les meilleures pierres pour vous protéger sont l'œil-de-chat, le jade vert, la pierre de lune, l'opale blanche, la perle et l'œil-de-tigre.

Les jours 8, 17, 26

Si vous êtes né le 8, 17 ou 26 du mois, les meilleures pierres pour vous protéger sont l'aigue-marine bleu pâle, la labradorite, le lapis-lazuli, l'opale grise ou rouge-brun, le saphir bleu et la turquoise.

Les jours 9, 18, 27

Si vous êtes né le 9, 18 ou 27 du mois, les meilleures pierres pour vous protéger sont l'ambre, la cornaline, le corail rouge, le grenat, l'opale rouge et le rubis. Vous pourriez aussi choisir de porter une bague *navaratna* *(voir page 84)*.

Cependant, si la réduction de la somme du jour, du mois et de l'année de votre naissance donne 2 ou 7, vous devriez remplacer le corail rouge, le grenat et le rubis par l'œil-de-chat, la pierre de lune, la perle ou l'œil-de-tigre.

Les pierres liées à votre date de naissance complète

Il y a aussi des pierres porteuses de chance correspondant à votre date de naissance complète (jour + mois + année) réduite à un seul chiffre.

La somme fait **1 :** rubis, saphir jaune, topaze.

La somme fait **2** : œil-de-chat, pierre de lune, perle, œil-de-tigre.

La somme fait **3** : améthyste.

La somme fait **4** : grenat rouge doré, saphir bleu, grenat hessonite.

La somme fait **5** : diamant.

La somme fait **6** : émeraude, péridot.

La somme fait **7** :œil-de-chat, pierre de lune, perle, œil-de-tigre.

La somme fait **8** : lapis-lazuli, saphir bleu.

La somme fait **9** : corail.

La bague navaratna

La plus ancienne amulette indienne est sans conteste la bague *navaratna* (aussi appelée *Nav-Ratna*), portée à l'annulaire de la main droite. Le mot *navaratna* signifie « neuf pierres ». Les chatons de la bague sont évidés de telle sorte que toutes les pierres sont en contact avec l'épiderme.

Les perles sont disposées sur trois rangs. Le premier est formé d'une topaze, d'un chrysobéryl (une variété d'œil-de-chat) et d'une émeraude. Le deuxième rang se compose d'un saphir, d'un rubis et d'un grenat, tandis que le troisième comprend un grenat hessonite, un fragment de corail et une perle. Ces pierres harmonisent les forces planétaires, apportant ainsi la chance et la protection au porteur de la bague.

Celles que vous choisirez pour votre bague devraient être de la meilleure qualité possible. Plus les pierres sont de bonne qualité, plus la protection est importante et puissante.

Les pierres protectrices

Outre les pierres qui se rapportent spécifiquement à votre signe astrologique ou au jour de votre naissance, vous pouvez faire appel à certaines pierres pour leurs propriétés protectrices. En voici quelques-unes, parmi les plus efficaces :

L'agate

Les Romains croyaient que le lutteur portant une agate serait invincible. Selon Marbode, évêque de Rennes au XIe siècle, « l'agate rendra celui qui la porte agréable et persuasif devant les humains, et il aura la faveur de Dieu[10]. » Voilà pourquoi la classe marchande se mit à porter l'agate comme charme et talisman.

Au XIVe siècle, le chevalier Jean de Mandeville écrivait que l'agate protégeait son porteur des morsures de serpent, éliminait la soif et protégeait le corps[11].

Aujourd'hui, on choisit l'agate, et surtout l'agate dentelle bleue, pour améliorer ses aptitudes à communiquer et dissiper sa nervosité. L'agate mousseuse a aussi des vertus protectrices, car elle nourrit la force intérieure et équilibre les émotions.

L'aigue-marine

L'aigue-marine encourage la tolérance et la compréhension. Elle aide aussi les personnes qui se sentent dépassées par ce qu'elles ont à accomplir à défendre leurs intérêts et à dire non, au besoin.

L'ambre

L'ambre est utilisé à des fins protectrices depuis l'aube de l'humanité. On a exhumé des amulettes et des talismans d'ambre de sites archéologiques remontant à l'âge de la pierre. Au Danemark, près du lac Bølling, ce sont des sculptures représentant cinq ours, un oiseau et un wapiti qui ont été découvertes ; elles dataient approximativement de 7 000 ans avant notre ère. Elles constituent les œuvres d'art tridimensionnelles les plus anciennes que l'on ait retrouvées dans le nord de l'Europe. D'autres spécimens ont été découverts lors de fouilles archéologiques effectuées sur les sites préhistoriques d'Indersoen, en Norvège.

Du temps de l'Empire romain, les bébés portaient des bracelets d'ambre qui étaient censés repousser les esprits malins.

Cette pierre fait aussi une puissante amulette de protection qui attirera de bonnes personnes dans votre entourage. On dit que l'ambre rapproche celui qui le porte de Dieu. Dans la mesure du possible, portez sur vous, ou en bijou, une amulette d'ambre sculptée à l'image d'un totem ou de votre animal préféré. Cette pierre présente une gamme de nuances qui vont du jaune pâle au vert, en passant par le rouge sombre et le brun foncé. L'ambre doré renforce les relations intimes.

L'améthyste

L'améthyste est une pierre aux vertus thérapeutiques qui soulage la tension, le stress et la dépression. On dit aussi qu'un fragment d'améthyste glissé sous l'oreiller guérit l'insomnie.

Étant donné que l'améthyste favorise la communication psychique, elle comporte aussi des propriétés protectrices qui permettent de comprendre de façon intuitive les situations que vous pourriez trouver difficiles à résoudre en ayant uniquement recours à la logique.

L'aventurine

Cette pierre porte-bonheur a la réputation d'attirer à la fois l'argent et le succès. Elle est également efficace en matière de protection, puisqu'elle apaise les émotions perturbantes et encourage la réflexion avant l'action.

Le béryl

Traditionnellement, on portait un béryl en bijou ou sur soi quand on voyageait par voie d'eau. Par ailleurs, le béryl repousse les esprits malins et les autres formes de négativité.

La calcite

La calcite est une pierre utile qui prend toutes les couleurs de l'arc-en-ciel, ce qui en fait un bon choix pour équilibrer et protéger les chakras (*voir chapitre 6*). Par ailleurs, elle favorise la spiritualité.

La chrysoprase

La chrysoprase assure une protection globale. On la classe parmi les pierres d'argent ; certaines personnes en portent une sur elles pour attirer la richesse.

La cornaline

La cornaline donne de l'énergie, de l'assurance et du courage à celui qui la porte. Au besoin, elle confère la force de défendre sa position et de s'exprimer haut et fort.

Le diamant

Le diamant élimine la négativité et incite à adopter une vision optimiste de la vie. Il favorise les relations intimes et donne de l'assurance aux deux partenaires. Il attire l'abondance sous toutes ses formes et peut servir à tout type de protection.

Le gypse

On porte souvent un gypse en bijou ou sur soi pour assurer sa protection, mais cette pierre attire également la chance. En Russie, on taillait autrefois le gypse jaune en forme d'œuf, et il est peu à peu devenu un symbole de fertilité.

L'halite

L'halite est du sel cristallisé. On l'emploie tant pour l'ancrage que pour la protection. En plaçant un cristal d'halite dans chaque coin de chez vous, vous assurerez la protection de toute la maisonnée.

Si quelqu'un vous cause délibérément du tort, vous pouvez le forcer à arrêter en écrivant son nom sur un petit bout de papier blanc. Pliez ensuite le papier pour en faire un tout petit carré et posez un cristal d'halite dessus. Ce geste ne causera aucun tort à la personne, mais l'obligera à cesser ses manigances destructrices[12].

L'héliotrope

L'héliotrope est une bonne pierre pour les enfants, à porter en bijou ou dans une poche. Elle les protège et fait en sorte qu'ils conservent leur vigueur et leur santé.

Le jade

On porte du jade pour attirer la chance. Il est particulièrement favorable aux personnes dont la somme de la date de naissance se réduit aux chiffres 2, 6 ou 7. Le jade aide en outre à gérer les situations difficiles.

Le jaspe rouge

Selon la tradition, on porte le jaspe rouge pour assurer sa protection. Il apaise la colère et encourage l'amitié et l'harmonie familiale.

La malachite

Les Égyptiens tenaient la malachite pour une pierre sacrée. Les femmes enceintes la portaient pour protéger l'enfant à naître. La malachite a ensuite été utilisée pour protéger les jeunes enfants ; on la fixait sur le côté des berceaux afin d'éloigner les esprits malins.

On l'utilise aujourd'hui à des fins de protection personnelle et de créativité. Elle renforce le système immunitaire et a la réputation de guérir le corps, l'âme et l'esprit.

L'obsidienne

L'obsidienne noire est la pierre la plus connue pour favoriser l'ancrage. Elle aide à revenir à la réalité et à garder les deux pieds sur terre. Mais il faut l'utiliser avec précaution car elle peut parfois induire une tendance dépressive chez certaines personnes.

L'œil-de-chat

L'œil-de-chat sert à détourner le mauvais œil, ce qui n'a rien d'étonnant. Il protège aussi son propriétaire de la sorcellerie et des esprits malins.

La pierre de lune

La pierre de lune est une amulette de protection utile car elle induit le calme et permet à son porteur de conserver la maîtrise de ses émotions.

Le rubis

Le rubis fait naître des sentiments d'optimisme et de bien-être. C'est une pierre de protection importante, souvent portée pour dévier la malchance ou le malheur.

La sugilite

La sugilite guérit les émotions douloureuses et inspire le pardon, tant envers soi-même qu'envers les autres. On la porte en bijou ou sur soi afin de se protéger de la colère et des pensées malveillantes.

La tourmaline noire

La tourmaline noire est une pierre remarquablement belle, au pouvoir immense. On la considère comme la plus puissante des pierres noires. Elle agit en écartant l'énergie négative. Par conséquent, c'est un puissant bouclier qui repousse toute forme d'attaque psychique, quelle que soit sa provenance. La tourmaline noire aide aussi à concrétiser les espoirs et les rêves.

La turquoise

Dans l'Europe médiévale, on attachait des amulettes de turquoise aux brides des chevaux afin de les protéger de la maladie, surtout après une journée de chevauchée épuisante.

Les autochtones du Nouveau-Mexique et de l'Arizona sculptent dans la turquoise des formes animales qu'ils appellent des fétiches. On les porte en collier, comme amulette de protection.

À l'origine, les fétiches étaient des amulettes d'Afrique de l'Ouest, mais on considère aujourd'hui qu'ils sont bien plus que cela car ils accueillent aussi des esprits. Les chasseurs s'en servent comme talismans. Attacher une turquoise à une carabine assure un tir précis.

De nos jours, la turquoise est portée pour guérir, protéger et aiguiser sa perspicacité.

Choisir vos pierres protectrices

On peut facilement se procurer des pierres et des cristaux dans les grandes villes où il existe généralement des magasins spécialisés. Certaines boutiques New Age offrent également une petite sélection de pierres. Il est plus difficile pour ceux qui vivent dans les petites communes de s'en procurer, mais heureusement, ils peuvent les acheter sur internet.

Idéalement, vous devriez choisir vous-même vos cristaux et vos pierres. Lorsque je regarde une sélection de pierres identiques, je m'étonne toujours de constater que l'une d'elles attirera particulièrement mon attention et que c'est celle-ci que j'achèterai. Il m'arrive souvent d'entrer dans une boutique pour acquérir une pierre en particulier, et de ressortir avec plusieurs pierres, juste parce qu'elles m'ont « parlé ».

J'utilise diverses méthodes pour m'aider à choisir la bonne pierre. Je prends les cristaux dans mes mains, l'un après l'autre, jusqu'à ce que je « sente » que c'est le bon. Si j'hésite entre deux cristaux, j'en pose un à ma gauche et l'autre à ma droite. Je ferme les yeux et je me détends pendant quelques secondes. Puis, je me demande quelle pierre serait la plus bénéfique pour moi en ce moment. Quand j'ouvre les yeux, je constate que je penche vers la pierre que je devrais acheter. C'est une forme de radiesthésie, dite « radiesthésie corporelle ». Je peux aussi utiliser un pendule pour me dicter mon choix.

Vous ne devriez jamais acheter des cristaux ou des pierres quand vous êtes en colère ou pressé. Accordez-vous du temps, de façon que les cristaux puissent vous « parler ». Une de mes amies me dit qu'elle les entend chanter. Je connais plusieurs personnes qui sentent un petit picotement au bout des doigts en prenant la pierre qui leur convient. Or, vous ne percevrez pas ces énergies subtiles si vous achetez des cristaux en vitesse ou si vous ressentez des émotions négatives.

Prendre soin de vos pierres et cristaux

En dépit de leur dureté et de leur solidité apparente, on peut érafler ou écorner les pierres et les cristaux si l'on n'en prend pas soin correctement. Enveloppez-les individuellement, notamment quand vous les déplacez. Au lieu d'en glisser un avec désinvolture dans votre poche ou votre sac à main, glissez-le d'abord dans une bourse ou un sac de petite taille pour le protéger.

Comme vos cristaux absorbent les énergies tant positives que négatives, il est important de les purifier de la négativité qu'ils ont pu attirer avant d'entrer en votre possession. C'est particulièrement vrai quand vous achetez un cristal, puisque vous ne savez pas par combien de mains il est passé et quelle quantité de vibrations négatives il a absorbée avant d'arriver jusqu'à vous. Vous devriez aussi nettoyer vos cristaux régulièrement afin de les débarrasser des résidus de négativité qu'ils ont pu attirer.

Le nettoyage

Si vous êtes un signe de feu (Bélier, Lion ou Sagittaire), vous pouvez nettoyer vos cristaux avec des chandelles. Déposez votre cristal au centre d'une assiette en céramique et entourez-le de plusieurs petites bougies. Allumez-les et attendez qu'elles se consument complètement. Une autre méthode consiste à passer rapidement votre cristal à travers la flamme. Attention toutefois à ne pas agir de la sorte avec une opale, la chaleur risquerait de l'endommager.

Si vous êtes un signe de terre (Taureau, Vierge ou Capricorne), vous pouvez nettoyer vos cristaux en les enfouissant 24 heures dans le sol. Si vous n'avez pas de jardin, enfoncez-les dans le terreau d'une plante d'intérieur ou dans un autre contenant rempli de terre. Après 24 heures, déterrez-les et lavez-les à l'eau claire avant de les laisser sécher à l'air.

Si vous êtes un signe d'air (Gémeaux, Balance ou Verseau), vous pouvez utiliser un bâtonnet d'encens. Faites en sorte que toutes les facettes de votre cristal reçoivent les bienfaits de la fumigation en le tournant et en le retournant dans la fumée. Vous pouvez aussi recourir à un aérosol de purification pour le nettoyer.

Si vous êtes un signe d'eau (Cancer, Scorpion ou Poissons), entretenez vos cristaux avec votre élément. L'eau qui convient le mieux est celle qui provient d'une source naturelle – ruisseau, rivière, fleuve ou cascade. Immergez vos cristaux durant une ou deux minutes et laissez-les sécher à l'air. Si vous n'avez pas accès à ces sources d'eau, placez vos cristaux dans un bol et versez dessus de l'eau de source embouteillée. Laissez-les tremper quelques minutes, avant de les faire sécher au soleil.

D'autres façons de nettoyer vos cristaux existent, par exemple en les enfouissant 24 heures dans un bol de riz brun biologique non cuit. Le riz absorbera toute la négativité et ne devra pas être consommé.

Si vous possédez une géode de quartz, déposez-y vos cristaux pour quelques heures.

Vous pouvez aussi placer le cristal dans la paume de votre main droite et poser le dos de celle-ci dans la paume de votre main gauche. Récitez une prière, un mantra ou une affirmation positive devant le cristal, en visualisant la négativité qui disparaît pour être remplacée par de l'énergie positive.

Utiliser les pierres pour vous protéger

Il y a plusieurs façons d'utiliser les cristaux et les pierres pour assurer votre protection énergétique. Vous pouvez glisser un cristal sous votre oreiller durant votre sommeil. Vous pouvez aussi disposer des cristaux un peu partout dans votre maison qui favoriseront en outre la paix et l'harmonie. Quatre cristaux de quartz placés aux quatre coins d'une pièce vous procureront une protection et créeront une atmosphère harmonieuse. Les pointes des cristaux devront être dirigées vers le centre de la pièce. Il faudrait aussi nettoyer toutes les semaines les cristaux qui sont utilisés à cette fin.

Si vous placez un fragment de fluorite pourpre à proximité de votre ordinateur et de votre téléviseur, vous serez à l'abri des ondes électromagnétiques qu'ils émettent.

Si les membres de votre famille sont soumis au stress, à la colère ou à la frustration, placez un fragment d'améthyste ou un quartz fumé dans les endroits qu'ils fréquentent le plus. La pierre contribuera à calmer la personne anxieuse et à protéger les autres membres de la famille de la négativité qu'elle pourrait dégager.

Méditez avec vos cristaux pour obtenir la guérison et ressentir la tranquillité, l'harmonie et la paix intérieure.

Porter vos pierres

Portez vos pierres comme vous le désirez. Vous pouvez les faire sertir dans des bagues ou les transformer en épingles à cravate, en bracelet, en collier, en boucles d'oreilles ou encore les emporter avec vous, dans un petit sachet glissé à l'intérieur de votre porte-monnaie ou de votre sac à main.

Faites appel à votre intuition pour déterminer la meilleure manière de porter vos pierres. Vous ne savez peut-être pas consciemment quel endroit de votre corps a besoin de l'énergie que la pierre peut lui procurer, mais vous choisirez presque immanquablement la bonne position si vous suivez votre intuition.

Le port des pierres à des fins de protection a un côté merveilleux : vous pouvez les arborer, la majorité des gens les verront comme des ornements et ne sauront rien des véritables raisons pour lesquelles vous les portez.

Le sel

J'ai gardé le sel, le cristal le plus important en matière de protection énergétique, pour la fin. Les Égyptiens, les Grecs et les Romains offraient du sel et de l'eau à leurs dieux. Cela montre bien son importance et en fait une offrande digne de la Source divine.

Le sel est essentiel à la vie. Il régule la pression sanguine, participe au transport des nutriments vers les cellules et assure la croissance optimale des tissus graisseux, osseux et musculaires. Une carence en sel engendre de la fatigue, une perte de motivation et des sentiments dépressifs.

L'importance du sel se reflète dans certaines expressions populaires telles que « C'est le sel de la vie ». Dans le Sermon sur la montagne, Jésus a dit de ses disciples qu'ils étaient « le sel de la terre » (Matthieu 5,13). Saint Paul a écrit : « Que votre parole soit toujours accompagnée de grâce et assaisonnée de sel, afin que vous sachiez comment il faut répondre à chacun. » (Colossiens 4,6). Les peuples du Moyen-Orient ont un dicton : « Il y a du sel entre nous », ce qui indique une relation étroite entre deux personnes. L'expression perse « infidèle au sel » désigne l'individu déloyal.

Le mot « salaire » vient du latin *sal*, qui signifie « sel ». Bien qu'il n'en ait rien été, certains croient que les soldats romains étaient payés en sel. En fait, on donnait aux légionnaires une ration de sel. Le mot « salade » vient aussi de *sal* : en effet, les Romains avaient l'habitude de saler leurs légumes feuillus.

Le sel a aussi été utilisé à des fins de purification. Impérissable, il sert à conserver les aliments et à en prévenir le pourrissement. Durant des milliers d'années, les hommes s'en sont servis pour éloigner les forces du mal. Une pincée de sel saupoudrée dans le berceau protégeait le bébé jusqu'à son baptême. Les parents s'assuraient que leur enfant irait un jour au paradis en apportant à la cérémonie du baptême une assiette de sel qu'ils plaçaient près de lui. Dans les Midlands d'Angleterre, on prêtait serment sur le sel et non sur la Bible. Les prières prononcées à proximité du sel étaient toujours exaucées[13].

Naturellement, de nombreuses superstitions sont associées au sel. Renverser du sel porterait malheur. Dans le Yorkshire, jusqu'à la fin du XIXe siècle, on croyait qu'un membre de la famille verserait une larme pour chaque grain de sel perdu. L'antidote consistait à lancer une pincée de sel par-dessus son épaule gauche.

On pensait aussi que le sel protégeait des esprits malins, puisque ceux-ci n'auraient d'autre choix que de compter les grains de sel un à un avant de s'en prendre aux occupants de la maison. Comme la tâche était ardue, les esprits abandonnaient et allaient voir ailleurs.

On peut saupoudrer du sel aux quatre coins d'une pièce pour en assurer la protection. On peut aussi l'ajouter à son bain pour repousser le mal.

Maintenant que nous avons passé en revue les méthodes de protection énergétique les plus efficaces, nous allons apprendre à nous en servir.

CHAPITRE 5

ASSURER VOTRE PROTECTION PERSONNELLE

Pour pouvoir protéger les autres, vous devez d'abord être capable de vous protéger vous-même. C'est un peu ce que les agents de bord vous disent quand ils vous demandent, en cas d'urgence, de mettre votre masque à oxygène avant de vous occuper de votre enfant. Il est évident que vous ne serez pas d'une grande utilité aux autres si vous êtes sans défense et en proie à une forme d'attaque psychique.

Toute personne ancrée, positive et bien dans sa peau est naturellement protégée. À l'inverse, la personne timide, craintive et submergée de soucis est vulnérable à toutes les formes de négativité. Elle peut même être attaquée par ses propres pensées malveillantes. La majorité des gens se situent entre ces deux extrêmes. La plupart auront parfois besoin de protection énergétique, mais en général, leur protection naturelle sera suffisante pour les aider à aller de l'avant au quotidien.

Il existe plusieurs manières de vous renforcer pour vous rendre imperméable aux attaques psychiques. Vous pouvez :

- vous ancrer ;
- changer d'attitude ;
- renforcer votre aura ;

- maîtriser vos émotions ;
- entretenir votre corps physique ;
- porter une amulette ou un charme ;
- utiliser les senteurs et les parfums ;
- développer votre intuition.

S'ancrer

Il est important de s'ancrer après une pratique spirituelle. À la suite d'une méditation, d'une visualisation ou de toute autre forme de travail psychique, il arrive que l'on soit dans la lune, comme déconnecté de la réalité quotidienne. Si vous sentez que vous êtes distrait, indécis, étourdi ou éparpillé, vous devriez vous ancrer le plus vite possible. Comment ? En prenant une collation, en buvant un peu d'eau, en vous étirant, en tapant des pieds, en lavant la vaisselle ou en accomplissant une autre tâche du quotidien. Toutes ces activités vous aideront à vous recentrer sur l'aspect concret de la vie.

Dans la mesure du possible, faites des exercices d'ancrage à l'extérieur, car cela permet d'évacuer la négativité dans le sol. Tapez des pieds sur la terre, faites des sauts et des rebonds ou quelques pompes pour expulser tout mauvais sentiment. Prenez ensuite une petite collation, ne serait-ce qu'une poignée de noix et de raisins secs.

En vous ancrant, vous faites en sorte de rejeter et de dissiper toute négativité que vous retenez peut-être à votre insu. Faites-le de façon régulière, et profitez-en pour évacuer les émotions négatives, comme la colère. Le jardinage est un autre moyen particulièrement efficace de s'ancrer, car c'est une activité physique qui apaise et vous met en contact avec la terre. Par la même occasion, vous améliorerez et embellirez votre demeure.

Changer d'attitude

Votre attitude reflète votre état d'esprit. Les personnes naturellement optimistes sont moins vulnérables aux attaques psychiques que celles qui ont une approche plus pessimiste de la vie. Bien que tout le monde passe par des hauts et des bas, les personnes positives sortent plus vite que les autres des périodes moins fastes, et sont donc beaucoup plus souvent heureuses qu'abattues. Elles voient le verre à moitié plein plutôt qu'à moitié vide.

Le soliloque, ce bavardage mental incessant avec soi-même, exerce une influence considérable sur l'attitude personnelle. Être attentif à vos pensées durant une journée entière, tout en transformant consciemment vos pensées négatives, est un exercice qui peut s'avérer intéressant et révélateur. Chaque fois que vous vous entendez dire « je ne peux pas faire cela », remplacez immédiatement cette formulation négative par une pensée positive telle que : « Bien sûr que je peux le faire ! » Nous avons tous des idées sombres à l'occasion, mais lorsqu'elles dominent, nous perdons notre confiance en nous-mêmes et notre estime de nous-mêmes, et nous pouvons alors devenir une cible facile pour une attaque psychique.

Une autre méthode pour améliorer votre attitude consiste à chercher ce qu'il y a de bien chez l'autre. Vous avez plus de chances de faire l'expérience du bien quand vous vous attendez à sa manifestation. Un dicton affirme que pour recevoir de l'amour, il faut exprimer de l'amour. En fait, plus vous répandez l'amour autour de vous, plus vous en recevez en retour. Bien entendu, le principe s'applique aussi à la haine. Si vous l'exprimez, vous la recevez en retour. Qui se ressemble s'assemble. Manifester de l'amour vous aide à entretenir une attitude optimiste par rapport à la vie. Cela attire d'autres personnes aimantes vers vous, ce qui, en retour, vous rend encore plus aimant. En exprimant constamment l'amour, vous aurez rarement besoin de protection énergétique.

Renforcer votre aura

Votre aura est un champ électromagnétique qui enveloppe complètement votre corps. Elle a la forme d'un œuf et s'étend sur 2,5 à 3 m autour du corps physique. Une personne en bonne forme physique, émotionnelle et spirituelle jouira d'une aura puissante et étendue, qui la dynamisera et la protégera. En revanche, l'individu malade ou anxieux aura une petite aura, terne et imperceptible.

Une respiration lente et profonde aidera votre aura à prendre de l'expansion et à gagner en puissance. J'aime visualiser l'image dans laquelle je respire toutes les couleurs du spectre, une à la fois, puis j'imagine qu'elles se répandent dans toutes les cellules de mon corps avant de rayonner dans mon aura. Celle-ci prend ainsi de l'expansion et se remplit d'énergie. Si je ne dispose pas du temps nécessaire pour me détendre et respirer chacune des couleurs, je les absorbe toutes en une longue et profonde respiration : j'inspire le plus profondément possible, je retiens mon souffle quelques secondes, puis j'expire lentement.

« Que votre lumière luise ainsi devant les hommes, afin qu'ils voient vos bonnes œuvres » (Matthieu 5,16). Ces paroles de Jésus pourraient servir à décrire l'aura d'une personne méritante qui est protégée sur le plan énergétique.

L'aura jouant un rôle extrêmement important dans la protection psychique, nous l'aborderons plus en détail dans le prochain chapitre.

Maîtriser vos émotions

On dit que la majorité des individus mûrissent physiquement, que certains mûrissent mentalement, mais que seuls quelques-uns parviennent à mûrir émotionnellement. J'en ai eu un exemple remarquable, il y a environ vingt ans, lorsque j'ai amené l'un de mes fils écouter un conférencier internationalement reconnu pour ses talents d'orateur. J'avais déjà assisté à l'une de ses prestations et j'avais été impressionné par ses propos et sa façon de les exprimer. J'ai pensé que mon fils adolescent en tirerait lui aussi profit. Tout se passait bien jusqu'à ce que le rétroprojecteur présente une défaillance. Le conférencier a essayé de le réparer, mais au bout de quelques minutes, il s'est mis en colère, a commencé à hurler et à injurier les organisateurs de l'événement. Ce serait un euphémisme de dire que j'étais abasourdi. Je respectais cet homme, j'avais lu ses livres. J'étais stupéfait de le voir se conduire de façon aussi immature. Depuis, il a écrit de nouveaux ouvrages et il est revenu plusieurs fois donner des conférences dans ma ville, mais je ne n'y suis pas allé. Quand je pense à cet homme, je ne me souviens que de son mauvais caractère et de sa crise de colère.

Il n'est pas facile de maîtriser ses émotions ; elles prévalent toujours sur la logique. Pour la personne tétanisée de peur, par exemple, il est à peu près impossible de penser rationnellement. Même si vos émotions positives vous procurent des sentiments de joie et de bien-être, vos émotions négatives sapent tous les aspects de votre être et affectent votre organisme. Les émotions positives ont un effet bénéfique immédiat sur le corps, alors que les émotions négatives sont capables de vous rendre malade et malheureux. Dans la mesure du possible, apprenez à cultiver vos émotions positives et à restreindre les autres.

La personne émotionnellement mature est capable de chasser la colère, l'hostilité, la jalousie, le ressentiment. Elle est aussi capable d'encourager le pardon, l'amitié, la générosité, l'amour et la tolérance.

Il est parfois difficile d'éviter les émotions négatives d'autrui. Pour vous en protéger, formez un cercle avec le pouce et l'index de chaque main et emboîtez-les pour créer un cercle de protection. Si vous êtes assis, le fait de croiser les bras et les jambes vous protégera aussi.

Entretenir votre corps physique

Votre corps physique est un vaisseau précieux ; c'est votre véhicule durant votre vie sur terre. Vous devriez le chérir et le soigner. Hélas, beaucoup négligent leur corps. Ils s'alimentent mal, ne font pas d'exercice, et sont tout étonnés de tomber malades.

Soigner votre corps en faisant régulièrement de l'exercice et en mangeant une quantité raisonnable de bons aliments est bénéfique sur plusieurs plans. Non seulement vous vous sentirez bien dans votre peau et aurez meilleure allure, mais vous aurez aussi beaucoup plus d'énergie pour jouir de la vie. Vous aurez le sentiment d'être plus fort et plus confiant, ce qui vous rendra plus résistant à la maladie et à toutes les formes de négativité. Par ailleurs, votre aura prendra de l'expansion, ce qui vous fournira une protection supplémentaire.

Porter une amulette ou un charme

Le mot « amulette » vient du latin « *amuletum* », qui signifie « acte qui détourne le mal ». On porte habituellement des amulettes pour se protéger du danger, mais elles peuvent aussi repousser la maladie et la malchance. La langue de l'Égypte ancienne comptait quatre mots que l'on pouvait traduire par « amulette » ; tous dérivaient de verbes qui signifiaient « garder » ou « protéger ».

La majorité des Égyptiens portaient une amulette protectrice ou un porte-bonheur pour les aider à faire face aux problèmes et au stress de la vie courante. Ils gratifiaient même leurs défunts d'amulettes funéraires pour les soutenir durant leur voyage du monde des enfers vers le paradis.

Les amulettes restent populaires de nos jours. La production en grandes quantités de bijoux sert d'ailleurs davantage à des fins de protection que d'ornementation. En effet, certains portent une médaille de saint Jude ou de saint Christophe par coquetterie, mais d'autres le font par mesure de protection. La croix a un statut sacré depuis des milliers d'années, et ce, bien avant la naissance du christianisme. Si de nombreux croyants portent une croix pour montrer leur appartenance à la religion chrétienne, beaucoup la portent aussi en guise d'amulette.

On arbore un porte-bonheur pour attirer la chance. Il s'agit souvent de bracelets à breloques, ornés d'une douzaine, voire plus, de charmes miniatures. Parmi eux, on trouve des animaux, des mains, des cœurs, des trèfles à quatre feuilles, des fers à cheval et des bréchets. Il est parfois difficile de distinguer l'amulette du charme, étant donné que les charmes sont souvent portés à la fois pour dévier la malchance et pour attirer la chance. Le modeste gland de chêne est à la fois une amulette et un charme. Le gland est considéré comme une amulette depuis l'époque des druides, alors que l'on vénérait le chêne. C'est une amulette quand on en place sur les rebords des fenêtres pour protéger les occupants de la maison. C'est aussi un charme que l'on porte sur soi pour attirer la chance et s'assurer une certaine longévité. On trouve souvent sur les bracelets à breloques de petits glands en argent.

Ma grand-mère avait l'habitude de faire des nœuds à tous ses tabliers de cuisine pour se protéger elle, mais aussi la nourriture qu'elle préparait. On ignore l'origine exacte de cette pratique mais on sait que les nœuds sont utilisés depuis des centaines d'années pour décourager les esprits malveillants. Cela explique la présence de franges nouées dans le linge des autels. La frange embrouille les esprits malins, tandis que les nœuds les prennent au piège et les empêchent de faire le mal.

Bizarrement, la forme du col des prêtres est issue de cette croyance. On pensait que les esprits du mal pouvaient se prendre dans le nœud de cravate des membres du clergé et troubler les services religieux. Ce risque fut écarté en positionnant le col à l'envers, faisant ainsi en sorte qu'il soit impossible pour les prêtres de porter la cravate[1].

Blaise Pascal (1623-1662), le philosophe français, croyait fermement au pouvoir protecteur des amulettes. Il avait toujours sur lui, cousue dans la doublure de son manteau, une feuille de papier portant un message manuscrit qu'il avait rédigé après une expérience éprouvante. Elle s'était produite quand les chevaux de sa voiture s'étaient emballés alors qu'ils longeaient la Seine. Les bêtes avaient foncé droit vers le cours d'eau mais l'attelage s'était rompu juste avant que la voiture ne soit entraînée dans un précipice. Les chevaux étaient tombés dans le fleuve, mais Pascal et sa voiture étaient restés en équilibre au bord du gouffre[2].

Utiliser senteurs et parfums

Nous tenons tous notre odorat pour acquis. Nous jouissons des senteurs agréables et nous nous éloignons promptement des odeurs désagréables. La plupart du temps, nous ne remarquons pas que nous percevons aussi, sans en être conscients, une foule d'autres odeurs. L'idée peut paraître difficile à accepter, mais nous avons tous la capacité de flairer les émotions et les états d'âme d'autrui. C'est ce qui nous permet de répondre instinctivement à ceux que nous croisons dans la vie de tous les jours. Certaines de nos intuitions et de nos sentiments pourraient bien venir d'odeurs imperceptibles que nous sentons uniquement de façon subconsciente. Cela nous fournit une protection supplémentaire, puisque nous sommes alors en mesure de réagir rapidement à toute situation qui « sent mauvais ».

Par ailleurs, nous pouvons utiliser intentionnellement les senteurs et les parfums pour nous protéger.

Développer votre intuition

Bien que certains affirment n'avoir absolument aucune capacité psychique, tout le monde a des intuitions et des pressentiments. Ne vous est-il jamais arrivé de rencontrer une personne que vous avez instinctivement aimée ou détestée sur-le-champ ? Ne vous a-t-on jamais fait une proposition qui semblait attirante mais que vous sentiez incorrecte ? Chaque fois que vous avez su quelque chose sans pouvoir l'expliquer rationnellement, vous avez eu une intuition. Vous pouvez vous y fier pour vous protéger.

Afin de cultiver votre intuition au quotidien, soyez attentif à vos sentiments et agissez en accord avec eux. Commencez par prendre conscience de ce que votre corps ressent dans différentes situations. Concentrez-vous sur vos pensées, même quand elles vous semblent décousues. Ce faisant, vous constaterez que vous devenez beaucoup plus conscient des énergies subtiles qui vous entourent. Vous constaterez aussi que votre vie devient plus facile, plus stable et moins anxiogène, puisque vous savez que votre intuition vous alertera si un danger se présente lors de vos déplacements.

Vous pouvez aussi cultiver votre intuition en expérimentant une forme de divination, comme la chiromancie ou le tarot. Il est possible de lire les cartes et les lignes de la main sans faire appel à l'intuition, mais les meilleurs cartomanciens et chiromanciens se servent de cette capacité psychique dans leurs lectures, en plus de leurs connaissances méthodologiques.

Chasser la négativité

Vous ne pouvez vous concentrer sur plus d'une pensée à la fois. Par conséquent, quand vous ressentez de la crainte ou de la nervosité, votre esprit est obnubilé par ce sentiment. Quand vous modifiez délibérément vos pensées en songeant à une forme adéquate de protection, vous touchez presque au but, car vous commencez à diriger vos pensées sur ce que vous choisissez d'entretenir plutôt que sur ce qui vous met dans cet état de stress. Vous pouvez vous protéger de la négativité en ayant recours à différentes méthodes. Vous trouverez ci-dessous certaines de mes méthodes préférées.

Le cercle de protection

J'ai découvert combien la méthode du cercle de protection est précieuse en travaillant comme hypnothérapeute. Plusieurs personnes sont venues me consulter pour que je les aide à juguler leur stress. L'une des méthodes les plus efficaces que j'ai trouvées consiste à les inviter à imaginer qu'elles sont entourées d'un bouclier invisible qui les protège du stress. Elles ont même réussi à sentir le stress qui venait heurter le bouclier et s'en trouvait dévié, tout en restant calmes et détendues derrière celui-ci. En fait, plus il y avait de stress à l'extérieur de ce « rempart », plus elles se sentaient calmes intérieurement.

Chaque fois que vous êtes dans une situation préjudiciable, tout ce que vous avez à faire est d'imaginer que vous êtes entouré d'un bouclier invisible. Si vous le voulez, vous pouvez visualiser la négativité qui frappe le bouclier puis rebondit, pendant que vous restez rassuré et protégé derrière lui. Quand je fais cet exercice, je me vois au centre d'une grosse bulle invisible qui m'enveloppe complètement.

Une lumière blanche

Plusieurs églises spiritualistes recommandent que l'on s'imagine entouré d'une pure lumière blanche chaque fois que l'on ressent un besoin de protection. Certains visualisent cette lumière qui descend du ciel, d'autres se voient au milieu d'un brouillard invisible de lumière blanche. La représentation que vous vous faites de cette lumière est sans importance, du moment que vous la sentez et que vous savez que vous êtes protégé. Même si cette lumière blanche ne fait pas partie de votre aura, on dit souvent d'elle qu'elle est protectrice.

Votre ange favori

Vous pouvez faire appel à votre ange gardien, ou à n'importe quel autre ange, chaque fois que vous avez le sentiment d'avoir besoin de protection. J'ai invoqué l'archange Michel en maintes occasions, quand je me suis senti menacé ou que j'ai eu l'intuition d'un danger. Chaque fois, il m'a donné la force et le courage nécessaires pour affronter la situation.

Le cristal salutaire

Si vous avez un cristal ou une pierre sur vous, palpez-le quand vous devez faire face à la négativité, qu'elle soit intérieure ou extérieure. Caressez le cristal chaque fois que vous manquez d'assurance ou que vous êtes en proie au doute, au manque d'estime personnelle ou à l'incertitude quant à une action à mener. Tous les cristaux et les pierres peuvent servir à des fins de protection, mais vous voudrez peut-être en utiliser un qui se rapporte spécifiquement à vous. Consultez le chapitre 4 (page xxx) où vous trouverez des suggestions qui vous aideront à choisir le cristal qui vous convient.

Vos pouce et index

Beaucoup d'acteurs surmontent leur trac en frottant leur pouce et leur index avant d'entrer sur scène. Ce geste les aide à se détendre et à évacuer leur peur. Vous pouvez le faire vous aussi, même imperceptiblement, en ayant les mains devant vous. Vous sentirez alors la tension diminuer, et vous saurez que tout ira pour le mieux.

Le signe de croix

La croix est considérée comme un symbole chrétien, mais elle servait à des fins de protection bien avant la naissance du christianisme. Ainsi, les hiéroglyphes de l'Égypte ancienne comportent plusieurs types de croix, dont la croix de vie, la croix en X, la croix en T et la croix en « + ». Les quatre branches de la croix se rapportent aux quatre points cardinaux, aux quatre quadrants du monde, aux quatre éléments (feu, terre, air et eau), et sont parfois même le symbole d'un carrefour où les chemins des vivants et des morts se croisent. Par conséquent, la croix a toujours été considérée comme un symbole puissant que l'on peut utiliser pour se protéger.

Vous pouvez tracer un signe de croix sur votre poitrine ou votre abdomen chaque fois que vous ressentez le besoin d'une protection accrue. Le plexus solaire, siège du chakra solaire, et le centre de la poitrine, foyer du chakra du cœur, sont des zones très puissantes où dessiner un signe de croix.

Croiser les bras et les jambes

La plupart des gens croisent les bras et les jambes instinctivement lorsqu'ils se retrouvent dans une situation potentiellement difficile ou anxiogène. Vous pouvez vous protéger à tout moment en croisant les bras et, si vous êtes assis, les jambes. Au lieu de croiser les bras, vous pouvez poser vos mains sur votre poitrine de façon à protéger votre chakra solaire. Si vous avez besoin de plus de protection, tenez un livre devant votre estomac en le maintenant en place avec vos mains.

Croiser les doigts

Croiser l'index et le majeur protège de tous les dangers, y compris d'un événement qui risque de survenir. Si vous entendez dire, par exemple, que quelqu'un a la grippe, vous croisez les doigts et songez : « J'espère que je ne l'attraperai pas. Je croise les doigts ! »

Prendre une douche

L'eau absorbe l'énergie négative et purifie. Prendre une douche relaxante après avoir affronté de la négativité ou une attaque énergétique s'avère bénéfique. Jouissez des sensations que vous procure l'eau à mesure qu'elle revitalise chaque partie de votre corps. Vous voudrez peut-être vous laver les cheveux en même temps, afin de vous assurer que l'eau pénètre partout. Tandis que vous êtes sous la douche, visualisez l'eau qui nettoie votre corps et élimine toute la négativité de la journée. En sortant de la douche, frictionnez-vous avec une serviette propre.

Si vous avez vécu des expériences négatives et que vous êtes dans l'impossibilité de prendre un bain ou une douche, lavez-vous les mains à l'eau et au savon et, parallèlement, visualisez la négativité qui est évacuée.

Prendre un bain de sel

Le sel est communément utilisé à des fins de protection, puisqu'il absorbe l'énergie négative. Prendre un bain d'eau salée vous nettoiera de toute la négativité qui s'est attachée à vous durant la journée.

Faites couler un bain d'eau chaude et ajoutez 30 ml (2 cuillères à soupe) de sel pierre (halite) ou de sel de mer. Remuez l'eau pour vous assurer que le sel se dissout. Ce faisant, visualisez le sel et l'eau qui purifient et nettoient tant votre corps physique que votre aura. Dans la mesure du possible, détendez-vous environ vingt minutes avant de sortir du bain. Ôtez la bonde et, tandis que l'eau et le sel s'écoulent, remerciez-les d'avoir éliminé les énergies négatives qui vous entouraient.

Une prière

Quand vous priez, vous établissez un lien instantané avec le Divin. Cela apporte le réconfort et la paix de l'esprit, ainsi que la protection. Vous pouvez réciter la prière que vous voulez. Elle peut être aussi simple que : « Dieu, protège-moi, s'il te plaît. » D'un autre côté, vous voudrez peut-être prier durant des heures. Le *Notre Père* et le vingt-troisième Psaume sont les prières chrétiennes les plus souvent récitées quand on veut obtenir la protection divine ; depuis 2 000 ans, les personnes élevées dans la foi chrétienne font appel à ces deux prières. Naturellement, les pratiquants d'autres religions peuvent obtenir la protection divine en récitant les prières qui se rapportent à leurs croyances. Dans tous les cas, il est bon d'expliquer le problème au Divin et de lui dire pourquoi vous lui demandez sa protection.

CHAPITRE 6

PROTÉGER VOTRE AURA

Le corps humain est entouré d'un champ d'énergie de forme ovoïde qui s'appelle l'aura. C'est un anneau de protection qui s'étend de 2,5 à 3 m autour du corps physique et qui révèle l'état physique, émotionnel et spirituel de chacun. Les personnes à l'intellect, au corps et à l'esprit sains possèdent une aura vibrante et forte qui les protège et leur fournit l'énergie dont ils ont besoin pour atteindre leurs objectifs. On dit que les personnes hautement spirituelles ont des auras plus étendues que les personnes qui le sont moins. On raconte aussi que l'aura de Bouddha s'étendait sur plusieurs kilomètres.

Quoi qu'il en soit, l'aura bouge et change constamment. Des lignes rayonnantes de force et d'énergie s'y entrecroisent et reflètent les pensées, les sentiments, la santé et la spiritualité de l'être.

L'aura se compose de plusieurs couches, appelées « corps subtils ». La couche la plus proche du corps physique est appelée le « double éthérique ». Elle est extrêmement fine, presque invisible (0,5 à 1,5 cm environ), et enveloppe le corps de toutes parts. Elle semble agir comme une sorte de pile qui se recharge durant le sommeil. Le double éthérique se contracte le jour et prend de l'expansion la nuit. Les personnes capables de voir les auras examinent ce corps subtil, car les problèmes de santé font d'abord leur apparition à son niveau. On peut même y déceler les pensées négatives d'un individu.

Quand on commence à voir les auras, on ne distingue pas d'entrée de jeu le double éthérique, qui reste invisible. Mais à mesure que la perception des auras s'affine, il apparaît sous la forme d'une couche d'énergie grise et chatoyante. Les autres couches de l'aura entourent le double éthérique. Chaque aura présente une couleur de base qui révèle la nature mentale, émotionnelle et spirituelle de l'être. Une palette de couleurs irradient au travers de cette couleur de base et reflètent les différents aspects de la structure de la personne.

Avez-vous déjà rencontré quelqu'un capable « d'illuminer une pièce » en y pénétrant ? C'est son aura radieuse qui attire l'attention de toutes les personnes présentes. De plus, chacun exprime ses états d'âme dans son aura. Les expressions comme « rouge de colère » et « vert de jalousie » découlent probablement de ce phénomène, étant donné que les personnes qui voient les auras sont capables de déterminer les états d'âme des gens à partir des couleurs de leur aura. Ces couleurs apparaissent et disparaissent rapidement, car les sentiments fluctuent. Cependant, une négativité constante peut affecter l'aura de façon permanente, ce qui montre à quel point il est important de penser et d'agir positivement.

Notre aura réagit constamment à celle d'autrui. Quand vous passez un certain temps avec une personne que vous aimez, vos auras se mélangent. Les amoureux sont l'exemple parfait de ce phénomène. Dans ce cas, les deux auras s'unissent pour n'en former qu'une, vaste et vibrante. L'autre extrême se produit quand vous êtes en compagnie de quelqu'un que vous n'aimez pas. Dans ce cas, les deux auras se repoussent mutuellement. Voilà pourquoi vous pouvez détester sur-le-champ une personne que vous venez tout juste de rencontrer, même si aucune raison apparente n'explique cette inimitié. Votre aura a réagi pour vous prévenir de rester éloigné.

Par conséquent, celui qui a constamment des pensées négatives repoussera peu à peu tous ceux qui entreront dans sa vie. Son aura affectera celle de tous les êtres avec lesquels il entrera en contact, ce qui fait qu'il finira isolé, sans amis.

Vous êtes-vous déjà senti vidé de votre énergie après avoir passé un moment avec une personne en particulier ? C'est le signe qu'elle a nourri le champ de son aura en consumant votre énergie. On appelle ces individus des vampires énergétiques. Quelques-uns volent délibérément l'énergie des autres, mais la plupart ne sont pas conscients de leur comportement. Essayez de limiter le temps que vous leur consacrez. Cela pourrait s'avérer difficile, surtout si vous vivez ou travaillez avec l'un d'eux. Si vous ne pouvez pas sous soustraire à la présence d'un vampire énergétique, vous devrez apprendre à protéger votre aura.

De nombreuses personnes sensibles se sentent épuisées sur les plans physique et mental après une journée passée dans une ville bruyante et agitée, un spectacle ou un événement où il y avait foule. Parmi ceux qui se rendent au travail dans des autobus et des trains bondés, beaucoup sont exténués à la fin de la journée. C'est que leur aura a été affaiblie par l'aura de toutes les personnes qui ont gravité autour d'eux durant la journée.

Mon beau-père était fermier. Il était toujours impatient de nous rendre visite en ville, mais après quelques jours, il voulait absolument regagner sa ferme. La vie citadine épuisait son aura, et il serait probablement tombé malade s'il avait été obligé de rester.

Les gens qui ont une aura solide sont capables de résister aux pressions extérieures, y compris aux attaques énergétiques, étant donné que leur aura leur fournit une forme de protection psychique naturelle. Inversement, les personnes à l'aura souffreteuse manquent de protection et sont plus vulnérables aux problèmes émotionnels, aux maladies, à la fatigue et au manque d'énergie. Elles sont aussi plus susceptibles d'avoir le sentiment qu'elles ne réussissent pas, qu'elles ont peu de pouvoir sur leur vie, voire aucun. Comme elles se sentent inefficaces et sans valeur, cela devient leur réalité. Heureusement, il est possible d'inverser cette spirale.

Plusieurs raisons peuvent expliquer la faiblesse de l'aura, notamment le stress et la surcharge de travail. Une perspective négative affecte toute la personne, y compris son aura. Le tabagisme, les drogues et l'excès d'alcool épuisent l'aura. Une mauvaise alimentation et le manque d'exercice font aussi des dégâts. Mais on peut changer tous ces facteurs négatifs, et cela produit un effet immédiat.

Bien qu'elle enveloppe tout le corps, l'aura fait aussi partie des cellules de l'organisme. Elle est une extension du corps plus qu'une enveloppe.

Il faut de la persévérance pour maîtriser les exercices présentés dans ce chapitre. Néanmoins, les capacités protectrices de l'aura sont si puissantes qu'il vaut la peine de prendre le temps nécessaire pour apprendre à les faire dès que le besoin s'en fait sentir. Quand vous aurez atteint ce stade, vous serez immédiatement protégé sur le plan psychique chaque fois que vous en aurez besoin.

Élargir votre aura

Vous pouvez augmenter temporairement la taille de votre aura afin d'accroître votre force et votre protection. Il s'agit d'une habileté utile, puisque chaque fois que vous ressentez du stress ou expérimentez une forme quelconque de négativité, vous pouvez immédiatement vous protéger.

Visualisez d'abord votre conscience qui descend profondément au cœur de la Terre-mère. Laissez la Terre nourrir et protéger votre conscience. Quand elle est prête, laissez votre conscience s'élancer et remonter dans votre corps, revitalisant du même coup toutes vos cellules. Une fois que votre corps physique est rempli de cette énergie, laissez-la se répandre hors de vous et dans votre aura. Cet exercice permet à votre aura de s'étendre aussi loin que vous le désirez.

Une fois que vous lui avez donné la taille qui vous convient, colorez votre aura d'une teinte protectrice. Le vert, le bleu et le blanc sont de bons choix pour ajouter à votre protection.

Les chakras

À l'intérieur de l'aura, on retrouve le long de la colonne vertébrale sept centres d'énergie appelés « chakras ». Chacun revêt l'une des couleurs de l'arc-en-ciel. « Chakra » est un mot sanscrit qui signifie « roue » ou « disque » ; en effet, les chakras sont perçus comme des cercles d'énergie tourbillonnante.

Ces sept chakras sont :

1. **Le chakra racine,** situé à la base de la colonne. Il vous garde fermement ancré et induit des sentiments de sécurité et de confort. Sa couleur est le rouge.
2. **Le chakra sacré** est situé au niveau du sacrum, à 5 cm environ sous le nombril. Il représente la sexualité, la créativité et l'équilibre émotionnel. Sa couleur est l'orange.
3. **Le chakra du plexus solaire**. Il fait naître des sentiments de chaleur, de bonheur, de valeur et de pouvoir personnel. Sa couleur est le jaune.
4. **Le chakra du cœur** est situé au centre de la poitrine, à la hauteur du cœur. Il se rapporte à l'amour inconditionnel, à la sympathie, à la compassion et à la compréhension. Sa couleur est le vert.
5. **Le chakra de la gorge** est situé au niveau du larynx. Il se rapporte à la communication et à l'expression de soi. Sa couleur est le bleu.
6. **Le chakra frontal** est situé juste au-dessus des sourcils. Il est associé à la pensée, à la compréhension, à l'intuition et à la conscience de notre nature spirituelle. Sa couleur est l'indigo.
7. **Le chakra coronal** est situé au sommet du crâne. Il est lié à la spiritualité, à l'illumination, au Soi supérieur et à l'interdépendance de tous les êtres vivants. Sa couleur est le violet.

L'ancrage

Idéalement, nous devrions nous sentir ancrés à tout moment. Ce n'est cependant pas toujours possible, surtout lorsqu'on travaille avec les énergies émises par les quatre chakras supérieurs. S'ancrer avant de méditer ou de pratiquer une forme de guérison est tout indiqué. Heureusement, il s'agit d'un processus élémentaire qui ne prend que quelques secondes.

Choisissez un siège confortable à dossier droit. Vos cuisses devraient former un angle droit avec vos jambes, et vos pieds être posés bien à plat sur le sol. Prenez une profonde inspiration et retenez votre souffle quelques instants. En expirant, poussez fermement dans le sol avec vos pieds. Les muscles de vos cuisses se tendront et vous sentirez un flot d'énergie dans la région de votre chakra racine. Relâchez la pression et inspirez de nouveau profondément, puis pressez le sol avec vos pieds en expirant. Répétez ce mouvement trois ou quatre fois, au moins une fois par jour. Cette pratique dynamisera votre chakra racine et vous assurera un ancrage complet.

Revitaliser chaque chakra

Chaque chakra joue un rôle précieux dans le maintien de votre équilibre énergétique et de votre santé. Chaque fois que vous sentez que l'un de vos chakras manque d'énergie, vous pouvez prendre dix respirations lentes et profondes et imaginer que vous inspirez la couleur qui lui est associée. Visualisez l'air coloré qui se répand dans la région du chakra, qui l'apaise et le nourrit tout en le réapprovisionnant abondamment en énergie vitale.

Utiliser vos chakras pour vous protéger

Cet exercice fait appel aux chakras pour fournir une protection psychique. En réalité, vous créez autour de vous une bulle scellée de pure lumière blanche.

Assis dans un siège confortable, fermez les yeux et prenez quelques respirations lentes et profondes. Imaginez que vous vous tenez debout à quelques mètres de vous-même. Puis tentez de vous « voir » assis sur la chaise, respirant lentement et profondément. Observez la région entourant votre cou et votre tête afin de discerner votre aura. Si vous n'y arrivez pas, imaginez simplement qu'elle est là.

Inspirez profondément et, en même temps, observez votre aura qui prend de l'ampleur à mesure que vous remplissez votre corps d'air. Voyez sa taille qui diminue légèrement quand vous expirez. Prenez encore quelques respirations profondes et regardez votre aura alors que sa taille augmente et diminue au rythme de votre respiration.

Quand vous êtes prêt, imaginez qu'à la prochaine inspiration, vous aspirez le plus beau rouge que vous n'ayez jamais vu. Observez votre aura qui se remplit de rouge, puis sentez la couleur qui se dirige vers la région de votre chakra racine. Expirez lentement et voyez la couleur rouge qui reste logée dans la région de votre chakra racine.

Prenez une autre respiration profonde, en remarquant cette fois que vous inspirez le plus bel orangé que vous n'ayez jamais vu. Sentez-le qui se dirige lentement vers la région de votre chakra sacré pour s'y installer.

Répétez cette étape cinq fois, en inspirant le jaune, le vert, le bleu, l'indigo et le violet. Chaque fois que vous inspirez, observez les couleurs qui apparaissent dans votre aura avant de se loger dans le chakra correspondant. Par l'imagination, vous serez capable de voir toutes les couleurs du spectre dans votre aura.

Vos chakras seront complètement revitalisés lorsque vous parviendrez à cette étape. En soi, l'exercice induit un sentiment de bien-être et de protection. Cependant, vous n'en avez pas encore terminé. Prenez encore trois respirations lentes et profondes et visualisez une pure lumière blanche autour de votre aura. Vous remarquerez au début qu'elle ne forme qu'un fin contour effacé autour de votre aura mais, tandis que vous l'observez, vous verrez qu'elle épaissit et se densifie en créant une couche de lumière blanche protectrice. Vous pouvez lui donner l'épaisseur que vous désirez, peut-être 30 ou 45 cm, si vous sentez que vous avez besoin d'un surcroît de protection. Toutefois, en général, 15 cm constituent une épaisseur suffisante pour une protection normale.

Une fois que vous avez visualisé la formation de la bulle protectrice de lumière blanche, prenez trois respirations lentes et profondes, reprenez contact avec votre environnement et ouvrez les yeux. Restez assis pendant environ trente à soixante secondes avant de vous lever. Une fois que vous aurez terminé l'exercice, vous vous sentirez totalement protégé et vous serez capable d'affronter n'importe quelle situation sans difficulté.

Éliminer la négativité avec vos chakras

C'est un exercice utile à faire à la fin de la journée, quand vous êtes prêt à vous mettre au lit. Vous aurez besoin de sept morceaux de tissu, un pour chaque couleur de l'arc-en-ciel. J'ai eu la chance de trouver un ensemble de mouchoirs en soie qui comprenait toutes les couleurs de l'aura ; je le réserve à cet exercice.

Avant de vous glisser sous les couvertures, allongez-vous sur votre lit et placez chaque morceau de tissu coloré sur votre peau ou vos vêtements de nuit à l'endroit du chakra correspondant. Fermez les yeux et reconsidérez la journée que vous venez de vivre. Commencez par penser à tout ce qui s'est produit de bon. Il n'est pas nécessaire que ce soit des événements majeurs. Un inconnu qui vous a souri en vous croisant est un événement positif, et vous devriez l'inclure. Pensez au plus grand nombre possible de choses qui ont fait votre bonheur.

Ensuite, passez aux expériences moins agréables de la journée. En les revoyant une à une, laissez votre corps vous indiquer quel chakra a été affecté. Vous aurez peut-être une sensation physique ou un sentiment de certitude qui vous aiguillera vers le bon chakra. Pensez au tissu de couleur posé sur ce chakra et permettez aux énergies de la couleur de se répandre dans votre corps. Quand vous êtes prêt, chassez cette expérience désagréable de votre esprit et pensez à la suivante. Répétez cette étape jusqu'à ce que vous ayez passé en revue toutes les expériences négatives de la journée.

Ensuite, dirigez votre attention sur chaque chakra, à tour de rôle, en commençant par le chakra racine. Laissez le rouge du tissu posé sur ce chakra le remplir d'énergie. Répétez cette étape pour chacun des chakras. Une fois que vous avez terminé, rangez les morceaux de tissu, glissez-vous sous les draps et abandonnez-vous au sommeil.

Nous faisons tous l'expérience d'une certaine quantité de négativité au fil de notre existence. Il est salutaire d'évacuer tout ce bagage accumulé avant de nous endormir. Cet exercice présente un autre avantage : il recharge en même temps les chakras.

Votre souffle sacré

En pratiquant des exercices de respiration, vous renforcez votre aura. Si vous vous asseyez en silence dans un état méditatif et que vous respirez lentement et profondément par le nez en inspirant durant trois temps, en retenant votre souffle durant trois temps et en expirant durant trois temps, vous dynamiserez et stimulerez votre aura tout en l'élargissant et en renforçant ses vertus protectrices.

Vous pouvez aussi imaginer que vous inspirez les couleurs de l'arc-en-ciel, l'une après l'autre. Cela vous permettra de profiter d'une méditation sur le spectre des couleurs et en même temps de dynamiser vos chakras.

Si vous sentez qu'une région régie par un chakra est affaiblie, utilisez votre souffle pour y faire entrer les couleurs nécessaires à sa revitalisation. Si vous sentez que vous manquez d'assurance, par exemple, vous devriez inspirer profondément et à plusieurs reprises de l'énergie rouge. Si vous doutez de votre valeur, vous pourriez prendre plusieurs profondes inspirations de jaune.

Il est également possible d'envoyer cette énergie aux membres de votre famille. Si l'un d'eux est triste ou chagriné, prenez de profondes respirations tout en imaginant que votre proche est entouré d'un bouclier protecteur vert. Si la personne est faible physiquement, imaginez-la entourée d'une énergie orange. Poursuivez cette pratique régulièrement jusqu'à ce que la situation soit résolue.

Laissez sourire votre aura

Cet exercice revitalise votre aura ainsi que votre corps physique. Assis sur un siège confortable, fermez les yeux et prenez trois ou quatre respirations lentes et profondes, en retenant votre souffle quelques instants avant d'expirer lentement.

Quand vous sentez que vous êtes détendu, oubliez votre respiration et souriez. Laissez votre sourire se répandre sur votre visage et ce sentiment de bien-être se diffuser dans tout votre corps. Prenez votre temps et jouissez de cette sensation de bonheur.

Puis, laissez le sourire se répandre dans votre aura. Imaginez que vous êtes à l'intérieur d'un immense sourire qui englobe votre aura et votre corps physique.

Vivez cette sensation aussi longtemps que possible. Vous pouvez élargir encore votre sourire et le transmettre aux personnes que vous aimez, l'envoyer à votre maisonnée, à votre ville, à votre pays et même au monde entier, si vous le désirez.

Quand vous êtes prêt à retourner à vos activités, prenez trois ou quatre profondes respirations et ouvrez les yeux.

Après cet exercice, vous vous sentirez totalement régénéré dans votre corps, votre intellect et votre esprit. Votre aura sera élargie et vous serez optimiste sur tous les aspects de votre vie.

Avec de la pratique, vous serez capable de faire cet exercice en un clin d'œil. Vous n'avez qu'à sourire et à laisser cette douce sensation se répandre dans toutes les cellules de votre corps, dans votre aura, puis là où vous le voulez. C'est un exercice utile lorsqu'on fait de nouvelles connaissances. Laissez votre sourire envelopper la personne que vous rencontrez. Son aura répondra favorablement à votre geste et votre nouvel·le ami·e sentira votre amour et votre amitié.

Protéger votre aura

Il y a plusieurs moyens de protéger votre aura. L'une d'elles consiste à vous visualiser entièrement entouré d'un bouclier incolore. Si vous êtes en présence d'un vampire psychique, le fait de percevoir un écran de verre ou de plastique transparent sera suffisant pour l'empêcher de siphonner votre énergie.

Dans des situations plus courantes, imaginez que vous portez une toge qui vous couvre du sommet de la tête jusqu'au bout des orteils. Sa doublure, bleue ou verte, est faite d'une substance réfléchissante qui dévie la négativité, quelle que soit son origine.

Une autre méthode repose sur une série de respirations profondes. Chaque fois que vous expirez, imaginez que vous êtes au centre d'une bulle de protection incolore. Chaque expiration fait grandir la bulle jusqu'à ce qu'elle atteigne une taille qui vous convienne. Si vous le voulez, vous pouvez demander que cette bulle protectrice vous accompagne durant une période déterminée. Une fois ce temps écoulé, vous pourrez renouveler cette demande si cela s'avère nécessaire.

Si vous êtes sur le point d'affronter une situation difficile ou exigeante, ancrez-vous à la terre. Posez vos deux pieds bien à plat sur le sol ou le plancher et imaginez que vous êtes enraciné dans le sol. Ressentez que vous avez de solides racines profondément enfoncées dans la terre. Prenez une inspiration lente et profonde et, en expirant, imaginez cette énergie qui traverse tous vos chakras, du sommet de votre tête jusqu'à votre chakra racine, et qui poursuit sa route dans le sol à travers vos racines imaginaires. Prenez une autre respiration profonde, et cette fois, visualisez l'énergie qui part de vos racines et se répand dans vos chakras jusqu'au sommet de votre tête, poursuivant sa route dans l'Univers. Répétez cet exercice trois ou quatre fois, et vous constaterez que vous pouvez facilement gérer les situations que vous auriez jugées pénibles ou anxiogènes auparavant.

Renforcer votre aura

Idéalement, votre aura devrait s'avérer assez forte pour résister à la plupart des attaques énergétiques. Cependant, vous êtes quotidiennement exposé à beaucoup de négativité et cela a tendance à user votre aura. La majorité des informations transmises à la télévision, à la radio et dans les journaux sont négatives. Les bonnes nouvelles ne se vendent pas aussi bien que les mauvaises… Vous êtes par ailleurs susceptible d'absorber la négativité issue des attitudes et des pensées des gens que vous côtoyez. Vos propres pensées négatives affectent également l'intégrité de votre aura.

La plupart du temps, votre aura est capable de résister à ces attaques involontaires. En revanche, si vous êtes fatigué ou malade, votre corps énergétique s'affaiblit et vous aurez besoin de prendre des mesures pour recharger et redynamiser votre aura.

Pratiquez quelques exercices de respiration pour redonner immédiatement une force à votre aura. Vous devrez vous accorder environ trente minutes afin de vous asseoir confortablement, au calme, et penser à tout ce que vous aimez. Envoyez des pensées d'amour à ceux que vous chérissez. Ensuite, exprimez silencieusement votre amour à tout ce que vous aimez. Il peut s'agir de lieux, de biens, d'animaux de compagnie, de talents et de compétences. Exprimez également de l'amour aux personnes que vous n'aimez pas. Finalement, exprimez votre amour pour l'humanité tout entière. Concluez par quelques mots de remerciement adressés à l'architecte de l'Univers.

Envoyer de l'amour renforce, rééquilibre et harmonise l'aura. L'un de mes amis, aux prises avec des douleurs constantes consécutives à un accident survenu il y a vingt ans, m'a confié qu'après cet exercice, il ne souffrait plus du tout durant des heures. Comme il le fait régulièrement, il n'est pas étonnant que tous les aspects de sa vie se soient améliorés. Parce qu'il exprime constamment de l'amour partout où il passe, il reçoit en retour de l'amour en abondance.

Nettoyer votre aura

Vous devriez nettoyer votre aura chaque fois que vous avez été exposé à une forme quelconque de négativité. Le processus est simple et dure moins d'une minute.

Frottez vos mains vigoureusement jusqu'à ce que vous les sentiez picoter. En partant du sommet du crâne (chakra coronal), vous allez les faire glisser le long de votre corps. Commencez par la tête et le cou, puis nettoyez vos bras, votre poitrine et votre abdomen, votre dos et, finalement, vos jambes et vos pieds. À la fin de chaque mouvement descendant, secouez les mains pour éliminer la négativité. Pour finir, balayez l'avant de votre corps d'un long mouvement descendant. Faites de même pour l'arrière. Une fois que vous avez terminé, secouez vigoureusement vos mains. Si vous le pouvez, lavez-les ensuite à l'eau claire.

Vous pouvez aussi faire cet exercice en utilisant vos doigts, en les laissant glisser sur votre épiderme ou en les tenant à quelques centimètres de votre corps. C'est un choix personnel et le résultat final sera le même. Vous devriez vous sentir rafraîchi et revigoré après avoir nettoyé votre aura.

Les couleurs de protection

Les couleurs que vous portez vous soutiennent émotionnellement et peuvent être délibérément choisies à des fins de protection. Le tissu d'un vêtement agit comme un filtre qui permet à une ou des couleurs en particulier d'atteindre l'épiderme et d'être absorbée·s par le corps. Ainsi, les tissus bleus sont bleus parce qu'ils captent toutes les longueurs d'ondes autres que le bleu. Par conséquent, quand la lumière naturelle traverse ces tissus, elle absorbe la vibration bleue, que le corps reçoit ensuite. Les matériaux blancs laissent passer toutes les couleurs, ce qui procure un véritable arc-en-ciel de couleurs pour le corps. Voilà pourquoi le blanc est une couleur nourricière et purifiante qui nettoie tout le corps. C'est une bonne couleur de protection.

Il arrive aussi qu'on utilise le noir pour se protéger, car il repousse la lumière loin du corps. Cependant, il n'est pas judicieux d'en porter souvent parce qu'il attire aussi l'énergie malsaine.

Rouge

Le rouge est une couleur à porter quand vous avez besoin de vous sentir habité par l'assurance et le succès. Il induit la motivation, l'ambition et une vision optimiste de la vie.

Cependant, vous devriez éviter cette couleur quand vous êtes apathique, sans ressort, en colère ou si vous souffrez d'hypertension artérielle.

Si vous choisissez de porter une pierre rouge, l'agate de feu, l'héliotrope, la calcite rouge, la cornaline, le grenat rouge, le quartz rose et le rubis sont des pierres qui renforceront également votre chakra racine.

Rose

Le rose est une couleur utile quand vous ressentez le besoin de prendre soin de vous. Il vous ouvre à l'amour, autant envers vous-même qu'envers autrui. En fait, il peut attirer l'amour dans votre vie. Il vous rend sympathique et compréhensif.

Vous devriez néanmoins l'éviter si vous ressentez une dépendance excessive envers autrui ou si les autres se fient trop à vous.

Si vous souhaitez porter une pierre rose, choisissez la kunzite, le corail rose, le saphir rose, la topaze rose ou la tourmaline rose.

Orange

L'orange est la bonne couleur si vous êtes triste ou déprimé, car il induit la joie et le rire. Il favorise aussi l'évacuation d'émotions négatives refoulées depuis longtemps.

En revanche, évitez de porter ce coloris si vous ne vous sentez pas bien, car il pourrait aggraver la situation.

Si vous choisissez de porter une pierre orange, l'ambre, la calcite orange, la cornaline, la citrine, la labradorite dorée et la topaze orange sont des pierres qui renforceront également votre chakra sacré.

Jaune

Le jaune est une couleur à porter quand vous avez besoin de réfléchir ou de vous exprimer. Il intensifie la confiance en soi, la communication et l'énergie.

En revanche, vous devriez l'éviter si vous avez une faible estime de vous-même ou si vous faites souvent l'objet de critiques.

Parmi les pierres jaunes, privilégiez l'ambre, le béryl doré, la citrine, le jaspe jaune, le saphir jaune, l'œil-de-tigre et la tourmaline jaune. Ces pierres renforceront également votre chakra solaire.

Vert

Le vert est la couleur indiquée si vous aspirez à une santé florissante, au bonheur et à l'abondance. Il vous permet d'aider les autres car il encourage la sympathie et la compréhension.

Mais évitez d'en porter si vous devez prendre des décisions importantes et agir rapidement.

Si vous souhaitez porter une pierre verte, pensez à l'aventurine verte, la calcite verte, la chrysoprase, l'émeraude, la fluorite verte, le jade, le jaspe vert, la malachite, le saphir vert, la tourmaline verte ou encore la turquoise verte. Ces pierres renforceront également votre chakra du cœur.

Bleu

Le bleu a toujours été considéré comme une couleur de protection puissante. Elle est d'ailleurs très présente sur les portes, les volets et l'encadrement des fenêtres dans de nombreux pays méditerranéens. Les gens agissent ainsi pour protéger leur demeure et ceux qui y vivent. Le bleu est une couleur bénéfique si vous ressentez un épuisement mental et avez besoin de vous relaxer. Il favorise le respect pour soi-même, la compréhension et un sentiment de responsabilité.

En revanche, évitez de porter du bleu quand vous êtes nerveux ou déprimé.

Si vous souhaitez porter une pierre bleue, choisissez entre l'agate dentelle bleue, l'amazonite, l'aigue-marine, l'azurite, la calcite bleue, la calcédoine bleue, la fluorite bleue, le lapis-lazuli, le saphir bleu, la tourmaline bleue et la turquoise bleue. Ces pierres renforceront votre chakra de la gorge.

Violet

Le violet est une couleur indiquée si vous recherchez la paix, le calme, du temps pour la méditation et la prière. Il accroît l'intuition et chasse l'anxiété.

Mais évitez d'en porter si vous êtes hypersensible ou dominé par autrui.

Parmi les pierres violettes figurent l'améthyste, la fluorite pourpre, la rhodonite, la sugilite et le spinelle violet. Ces pierres renforceront votre chakra coronal.

Blanc

Le blanc aide grandement à garder les pieds sur terre et à réfléchir posément. Mais il est à éviter en cas de solitude ou d'isolement.

Si vous souhaitez porter une pierre blanche ou incolore, tournez-vous vers le quartz incolore, le diamant, l'onyx blanc ou la topaze blanche.

Noir

Le noir est à privilégier quand vous avez besoin de vous sentir autonome et parfaitement maître de vous. Il vous permet de vous faire une idée personnelle, sans vous laisser influencer par les opinions des autres.

Mais vous ne devriez pas en porter si vous vous sentez épuisé, seul, ou non reconnu pleinement par les autres, car le noir intensifie le sentiment de solitude

Vous pourriez aussi utiliser une pierre noire, par exemple l'hématite, l'obsidienne noire, l'onyx noir, l'opale noire ou encore la tourmaline noire. Cette dernière n'est pas facile à trouver car elle est friable et les joailliers ont tendance à l'éviter. En revanche, c'est une pierre de protection très efficace, souvent employée pour faciliter l'ancrage.

Le bouclier de couleurs

Le mot « bouclier » fait généralement penser aux chevaliers d'autrefois, brandissant l'épée d'une main et tenant de l'autre un bouclier. Ces écrans ont toujours eu une fonction de protection, y compris sur le plan énergétique. Vous n'êtes heureusement pas obligé de confectionner un bouclier pour profiter des bienfaits qu'il peut conférer. Vous n'avez qu'à choisir les couleurs qui vous plaisent pour la création d'une image abstraite. Pensez à votre désir de protection tout en dessinant, cela imprègnera votre image.

Chaque fois que vous ressentez le besoin d'être fort ou protégé, regardez votre dessin quelques secondes et vous ressentirez une protection et un calme immédiat.

N'hésitez pas à créer un nouveau bouclier de temps à autre. Selon ce qu'il se passe dans votre vie, vous pourrez réajuster votre choix de couleurs.

Faire brûler des bougies

Comme nous venons de le voir, il est possible d'utiliser les couleurs pour changer d'état d'esprit et obtenir un soutien émotionnel. Quand on allume une bougie, elle émet lentement les énergies vibratoires correspondant à sa couleur. La combustion de chandelles colorées permet d'expérimenter de plusieurs façons les bienfaits des couleurs, en procurant équilibre et protection.

Pour profiter de ces avantages, le plus facile consiste à méditer devant une bougie. Allumez-la, asseyez-vous confortablement en lui faisant face et respirez lentement et profondément, en inspirant l'énergie qui en émane. Contempler la flamme d'une chandelle est un exercice très relaxant quand on sait que l'on reçoit en même temps l'équilibre et la protection recherchés.

Vous pouvez choisir la couleur de la bougie en usant de votre logique ou de votre intuition. Sélectionnez une teinte qui vous semble utile ou laissez faire le hasard. Dans tous les cas, ayez confiance : la couleur que vous choisirez sera celle qui vous convient à ce moment précis. Si vous n'arrivez pas à vous décider sur une couleur, faites brûler une chandelle blanche, puisqu'elle couvre tout le spectre lumineux. Le blanc est une couleur immensément protectrice qui apporte aussi calme, paix d'esprit et acceptation.

Les types de bougies

Certaines chandelles aux formes particulières étaient traditionnellement utilisées à des fins de protection.

Bougies en forme de chat

On a coutume de faire brûler des chandelles blanches en forme de chat pour protéger les femmes enceintes, et des noires pour accroître la puissance des rituels magiques. On peut aussi allumer ces deux types de chandelles car chacune intensifie la puissance de l'autre, fournissant une solide protection.

Bougies en forme de croix

On fait brûler les chandelles en forme de croix, généralement de crucifix, à des fins de protection générale. Habituellement, sept bougies sont allumées, une pour chaque jour de la semaine auquel correspond une couleur :

Lundi : blanche
Mardi : rouge
Mercredi : orange
Jeudi : bleue
Vendredi : verte
Samedi : noire
Dimanche : jaune

Bougies à sept nœuds

Les bougies à sept nœuds, parfois appelées « bougies à souhaits », sont faites de sept boules de cire coulées autour d'une seule mèche. On fait brûler un nœud par jour pendant sept jours. Tandis que la bougie se consume, la personne se concentre sur son objectif ou son souhait. Les bougies à sept nœuds sont proposées dans une variété de couleurs, selon l'objectif poursuivi. Pour vous protéger et protéger les êtres que vous chérissez, faites brûler une bougie blanche à sept nœuds.

Bougies de neuvaine

Ce sont des chandelles cylindriques placées dans des récipients en verre résistant à la chaleur. On les fait d'ordinaire brûler durant sept jours, même s'il existe aussi des bougies de neuvaine de douze jours. Elles sont vendues dans les boutiques d'accessoires religieux. Celles qui conviennent le mieux à des fins de protection sont les bougies dont le contenant en verre affiche l'image d'un saint.

Préparer vos bougies

Avant de faire brûler des bougies pour vous protéger, vous devez les nettoyer et les purifier afin d'éliminer la négativité qu'elles auraient pu absorber avant d'arriver jusqu'à vous. La partie la plus importante de ce processus est l'opération qui consiste à enrober ou à oindre vos bougies d'huile.

Vous pouvez vous procurer des huiles dans les boutiques spécialisées dans l'occultisme ou les acheter sur internet. Certains fabricants en proposent plusieurs centaines de variétés, mélangées à diverses fins. Pour ma part, j'utilise la plupart du temps de l'huile pour bébé que j'achète au supermarché du coin. Elle donne de bons résultats et s'adapte à presque tous les desseins. Si vous achetez une l'huile spéciale, assurez-vous qu'elle est incolore, de façon à pouvoir l'utiliser avec des bougies de toutes les couleurs. Une huile colorée ne peut s'utiliser qu'avec des bougies de même couleur.

On fabrique des centaines d'huiles différentes à des fins de protection. L'huile de saint Michel est un bon choix pour votre protection et celle des êtres qui vous sont chers. Si vous faites brûler des bougies pour vous protéger d'une attaque psychique, je vous recommande l'huile de protection spirituelle, l'huile de sécurité ultime et l'huile de jasmin.

Vous devriez bénir les huiles que vous avez achetées avant de les utiliser. Debout, faisant face à l'est, élevez le flacon entre vos deux mains, à bout de bras, et dites à voix haute : « Je bénis cette huile et je la consacre à la protection de ma demeure, de ma famille et de ceux que j'aime. Mon but est juste et je demande la protection divine pour cette huile, mon objectif et moi. Merci. »

Nettoyer votre bougie

C'est la première étape préparatoire. Examinez soigneusement votre bougie pour vous assurer qu'elle est aussi parfaite que possible. Vous devrez peut-être gratter quelques petites imperfections ou enlever les coulures de cire. Vous pouvez aussi l'essuyer avec un papier absorbant, trempé dans de l'alcool à friction, pour retirer toute négativité qu'elle pourrait porter. Frottez-la de bas en haut, puis laissez-la sécher naturellement. Libre à vous de la polir ensuite avec un chiffon à lustrer pour lui donner de l'éclat.

Apprêter votre bougie

Préparer vos bougies peut se révéler une tâche salissante, il est donc préférable de porter de vieux vêtements et de travailler sur une surface facile à nettoyer. J'aime bien préparer plusieurs bougies à la fois, car de cette manière, je ne récure qu'une fois.

Commencez par enduire les paumes de vos mains d'huile de protection. Tenez la bougie par le milieu et, en commençant au centre, enduisez-la d'huile en direction de la mèche. Tout en appliquant l'huile, pensez au dessein que vous poursuivez. Ce faisant, vous imprégnez la bougie de vos pensées et vous la consacrez dans un objectif précis qui, dans ce cas-ci, est votre protection et celle de votre famille.

Une fois que vous avez couvert la moitié supérieure de la bougie, répétez l'opération pour la partie inférieure, en étalant cette fois l'huile du milieu vers la base.

Selon une certaine tradition, si vous faites brûler une bougie pour faire entrer un élément bénéfique dans votre vie, comme une protection psychique, vous devriez appliquer l'huile de la mèche de la bougie vers la base. Si vous voulez au contraire chasser un élément préjudiciable de votre vie, comme une attaque psychique, vous devriez huiler la bougie de la base vers la mèche. C'est un choix personnel, et vous voudrez peut-être expérimenter et choisir la méthode qui vous donne les meilleurs résultats.

Certaines personnes ont l'huile en aversion. Si c'est votre cas, vous pouvez mettre de l'eau sur votre bougie. Ou suivre la même méthode qu'avec l'huile, mais en ayant recours à un flacon pulvérisateur pour recouvrir la bougie d'une brume d'eau.

Ficeler votre bougie

C'est la dernière étape préparatoire. Prenez votre bougie nettoyée et ointe et pensez que vous allez la faire brûler pour qu'elle veille à votre protection. Tout en restant concentré sur cette intention, enroulez un mince ruban autour de votre bougie, en commençant par la base et en terminant par la mèche. Vous ficelez ainsi votre intention à la bougie.

Votre bougie est maintenant prête à l'emploi.

Rituel de protection à l'aide de bougies

Pour ce rituel, vous aurez besoin de choisir une bougie qui vous représente. Elle peut avoir la couleur que vous voulez. Vous aurez aussi besoin de quatre ou huit bougies blanches, beaucoup plus courtes que celle qui vous représente.

Idéalement, vous devriez pratiquer ce rituel devant un autel ou dans un espace sacré. Si vous n'avez pas d'espace sacré dans votre maison, une petite table basse ou de service fera l'affaire.

Placez la bougie qui vous représente au centre de votre autel et entourez-la des plus petites. Allumez-la, puis allumez les petites bougies blanches, dans le sens des aiguilles d'une montre, en commençant par celle qui est alignée vers le nord.

Asseyez-vous à environ 1 m des bougies et regardez celle qui vous représente. Observez comment les autres l'entourent et la protègent. Imaginez-vous entouré d'une divine lumière blanche, exactement comme les bougies blanches entourent la bougie centrale qui vous représente.

Quand vous sentez que vous êtes totalement entouré de lumière blanche, demandez la protection divine. Si vous êtes chrétien, vous voudrez peut-être réciter une prière comme le *Notre Père.* Faites ensuite une pause de plusieurs secondes avant de prononcer quelques mots, par exemple : « J'ai besoin de protection divine en ce moment et je demande à [la déité de votre choix] de me donner de la force, de me guider et de me protéger aussi longtemps qu'il le faudra. » Si vous avez besoin d'une forme précise de protection, expliquez le problème en détail à la déité. Restez silencieux de temps à autre pour capter les réponses qui vous viennent à l'esprit.

Une fois que vous avez terminé votre conversation, éteignez les bougies, en commençant encore une fois par le nord et en poursuivant dans le sens des aiguilles d'une montre. En éteignant chaque bougie, remerciez à voix basse. Pour finir, prenez la bougie qui vous représente. Levez-la et tenez-la au bout de vos bras, tout en offrant vos remerciements sincères à votre déité pour la protection dont elle vous entoure. Éteignez ensuite la bougie et rangez-la en lieu sûr. Comme elle vous représente, il est légitime de vous assurer que nul autre que vous ne pourra y toucher.

Vous découvrirez dans le chapitre 13 un autre rituel aux bougies destiné cette fois à protéger une autre personne que vous-même.

Maintenant que vous savez comment vous protéger, il est temps d'apprendre à protéger les autres. C'est ce que nous commencerons à voir dans le chapitre suivant.

CHAPITRE 7

PROTÉGER LES AUTRES

Il arrivera, de temps à autre, que vous ayez besoin de protéger des personnes, surtout votre famille et vos amis proches. La façon la plus efficace d'y parvenir consiste à les aider à s'ancrer. Mais il est important que vous soyez vous-même totalement ancré avant d'essayer de les aider.

Si la personne que vous protégez est consciente et disposée à accueillir votre aide, demandez-lui de visualiser un nuage de lumière blanche qui descend du ciel et l'enveloppe entièrement de la protection divine. Au besoin, demandez-lui de faire abstraction de son scepticisme et d'imaginer simplement un nuage de lumière blanche. Une fois que la personne a réussi à visualiser cette lumière, sortez avec elle pour qu'elle prenne contact avec la terre, ce qui peut se faire par les mains ou les pieds. Demandez-lui de visualiser toute la négativité qui s'évacue de son corps par ses mains ou ses pieds. Demandez-lui de visualiser cette image le plus longtemps possible. Ensuite, faites-lui boire un verre d'eau et offrez-lui une collation.

Après avoir ancré quelqu'un, vous devriez vous ancrer de nouveau, car vous aurez peut-être absorbé par inadvertance une partie de l'énergie négative expulsée par la personne.

Si celle-ci dort, vous devrez faire la visualisation vous-même. Imaginez la personne entièrement enveloppée de lumière blanche protectrice, puis saupoudrez quelques grains de sel sur son oreiller, au-dessus de sa tête, sous ses pieds et de chaque côté.

Si la situation est telle que vous devez protéger plusieurs personnes, vous pouvez les purifier par fumigation et leur demander d'imaginer que la fumée emporte toute la négativité. Si vous avez besoin de protection instantanée pour un groupe, visualisez la lumière blanche qui descend sur tous ses membres.

Vous pouvez aussi prévoir de nettoyer et de purifier le lieu que ce groupe occupera.

Il y a plusieurs années, je faisais partie d'un cercle de développement spirituel. Nos réunions avaient lieu chez chacun des membres, à tour de rôle. Chaque fois que c'était mon tour, je purifiais par fumigation la pièce que nous allions occuper, une heure avant l'arrivée du groupe. Les membres faisaient des commentaires sur l'atmosphère agréable de la pièce mais personne ne m'imitait. Je suis persuadé que c'est l'une des principales raisons de la dissolution du groupe. Veiller à la protection d'un groupe avant sa réunion élimine les discussions stériles, les luttes de pouvoir, l'égocentrisme et d'autres problèmes, faisant ainsi place nette à la raison d'être de la rencontre.

J'avais pour habitude d'utiliser la fumigation pour purifier et protéger la pièce sur le plan énergétique. D'autres méthodes donnent d'aussi de bons résultats. L'utilisation de cristaux, de sel et de la prière s'avère tout aussi efficace. Quand j'étais en Afrique du Sud, j'ai observé quelqu'un qui purifiait une pièce à l'aide d'un bol tibétain. Le son produit par le bol purifiait et protégeait instantanément la pièce, créant un environnement plaisant, harmonieux et sécurisant pour tous ceux qui s'y trouvaient.

Protéger les personnes éloignées de chez elles

Il n'est pas nécessaire d'être dans la même pièce ni dans le même pays que la ou les personnes que vous voulez protéger. Quand je donnais des séances d'hypnose, j'étais parfois loin de chez moi durant des semaines. Une fois par jour au moins, j'envoyais des pensées d'amour et de protection à ma famille restée à la maison. Comme le processus est rapide et facile à faire, vous pouvez protéger à distance vos enfants à l'école, votre partenaire au travail où toute autre personne qui, selon vous, en a besoin.

Ce rituel de protection comporte sept étapes :

1. Prenez plusieurs respirations lentes et profondes. Cela vous aidera à vous détendre et à fixer votre attention sur le rituel.
2. Fermez les yeux durant trente secondes environ et visualisez la personne que vous voulez protéger à distance. Chacun « voit » les choses différemment ; ne vous inquiétez pas si vous n'arrivez pas à obtenir une image claire. Certains sont capables de voir la personne comme si elle était présente dans la pièce, d'autres perçoivent une sensation ou un sentiment qui se rapporte à elle.
3. Si vous pratiquez ce rituel sur votre lieu de travail, ouvrez les yeux. Si vous accomplissez le rituel en privé, gardez les yeux fermés. Prenez trois respirations lentes et profondes, en inspirant

chaque fois autant d'oxygène que vous le pouvez. Retenez votre respiration quelques secondes avant chaque expiration.

4. Imaginez que vous êtes empli d'une force de vie vibrante et d'énergie et, en imagination, envoyez-les à celui ou celle que vous voulez protéger. Si vos yeux sont fermés, vous serez peut-être en mesure de sentir la personne entourée d'un bouclier protecteur créé par votre souffle.
5. Envoyez des pensées d'amour à la personne que vous venez de protéger.
6. Prenez trois ou quatre respirations profondes pour revenir au présent. Si vos yeux sont fermés, reprenez conscience de votre environnement avant de les rouvrir.
7. Remerciez en silence l'architecte de l'Univers qui vous a permis d'envoyer une protection à un ou des êtres chers, puis retournez à vos occupations.

Ce rituel procure aussi la paix d'esprit, car vous savez que vous avez fait ce que vous pouviez pour aider l'un de vos proches. En plusieurs occasions, j'ai pratiqué ce rituel pour des personnes qui ont su exactement à quel moment je l'avais réalisé. Et en de nombreuses occasions, certaines ont communiqué avec moi pour me dire qu'elles avaient senti ma présence ou pensé soudainement à moi au moment même où je leur envoyais une protection.

Renforcer l'aura à distance

Vous pouvez employer un rituel semblable pour renforcer l'aura de quelqu'un à distance. Là encore, ce rituel peut se faire en moins d'une minute.

1. Prenez plusieurs respirations lentes et profondes pour vous aider à vous détendre et à vous concentrer sur le rituel.
2. Fermez les yeux et visualisez la personne à qui vous voulez donner des forces. La manière dont vous la visualisez n'a aucune importance, du moment que vous avez le sentiment d'être en lien avec elle.
3. Une fois que vous avez créé ce lien, visualisez la personne entourée de son aura.
4. Fixez votre attention sur son aura et inspirez lentement et profondément. Retenez votre souffle quelques secondes, puis expirez lentement. En expirant, visualisez l'aura qui prend de l'expansion.
5. Répétez l'étape précédente autant de fois qu'il le faut pour que l'aura atteigne la taille que vous désirez.
6. Envoyez de l'amour à la personne. Fixez votre attention sur cette pensée aussi longtemps que possible.
7. Reprenez conscience du lieu où vous êtes. Prenez quelques respirations lentes et profondes avant de rouvrir les yeux.
8. Remerciez l'architecte de l'Univers qui vous a permis d'aider la personne en élargissant son aura.

L'expérience de Margot

Dans l'un de mes cours de développement psychique, Margot nous a raconté une expérience qui a changé sa vie.

« J'étais à la maison et je relevais mes mails quand j'ai brusquement eu un pressentiment étrange. Je savais que cela concernait mon fils Jared. Il avait 12 ans à l'époque et il jouait avec des amis plus loin dans la rue. En fait, il était à environ un kilomètre de la maison, mais dans notre rue. J'ignorais quel était le problème mais j'ai tout de suite fermé les yeux et, en imagination, je l'ai entouré de lumière blanche. Ensuite, j'ai renforcé son aura. Aussitôt après, j'ai tenté de joindre quelqu'un à l'endroit où il se trouvait. Comme personne ne répondait, j'ai pris ma voiture et je me suis rendue là-bas. Il y avait eu un accident sur la route devant la maison. Un homme âgé avait fait une crise cardiaque en conduisant, et sa voiture avait grimpé sur le trottoir et heurté un arbre. Or les trois garçons jouaient sur la trajectoire de la voiture. La mère des compagnons de jeu de mon fils a été traumatisée par ce qui s'était produit, la voiture ayant évité les garçons de peu. Elle était debout sur la terrasse et surveillait les enfants au moment de l'accident. Quelques secondes avant que la voiture ne s'emballe, Jared avait proposé de jouer au football et les trois garçons s'étaient retournés pour courir vers la cour arrière au moment où la voiture arrivait sur eux. La mère avait téléphoné aux ambulanciers avant de s'effondrer sous le choc en réalisant ce qui venait d'être évité.

Plus tard, j'ai demandé à mon fils pourquoi il avait suggéré de jouer à autre chose. Il a haussé les épaules en disant qu'il n'en savait rien. "L'idée m'a juste traversé l'esprit", m'a-t-il répondu.

À ma connaissance, Jared n'avait jamais demandé à ses amis de jouer au football avant, et il ne l'a jamais fait depuis. Je suis donc convaincue que c'est le bouclier protecteur le responsable. »

Les enfants représentent notre avenir. C'est pourquoi il a toujours existé des formes spécifiques de protection pour eux. C'est ce qui fait l'objet du prochain chapitre.

CHAPITRE 8

PROTÉGER VOS ENFANTS

En Occident, le baptême est l'un des moyens les plus répandus pour assurer la protection des enfants. Selon le christianisme, le démon est présent en chaque être jusqu'à ce qu'il en soit chassé par la cérémonie du baptême. Ainsi, certains croient que Satan revendiquera quiconque meurt sans avoir été baptisé. Les bébés qui n'ont pas reçu de nom n'ont pas un sort plus enviable puisqu'ils sont condamnés à errer à travers le monde jusqu'au jour du Jugement dernier.

Voilà pourquoi il était extrêmement important de bien protéger les bébés jusqu'à ce qu'ils soient baptisés et qu'ils aient officiellement reçu un nom. L'ail, le sel et les amulettes étaient jadis utilisés pour fournir une protection adéquate. Un objet en fer était aussi fréquemment attaché au berceau du nourrisson et un vêtement du père déposé sur le bébé endormi pour le protéger encore plus. On ne sortait pas les nouveau-nés de la maison avant le jour de leur baptême : cela aurait pu leur porter malchance, voire être potentiellement mortel. Et ils étaient conduits à l'église par le chemin le plus court. On considère toujours comme de bon augure que le bébé pleure durant son baptême, cela signifie que le démon a été chassé de son corps. En revanche, on jugeait néfaste que le bébé éternue durant la cérémonie.

De nos jours, les chrétiens attendent habituellement que l'enfant soit âgé de quelques semaines pour le faire baptiser. Autrefois, cela aurait été jugé irresponsable et dangereux, puisque jusqu'à ce qu'il soit baptisé dans l'Église catholique, l'enfant était constamment menacé par les démons, les sorcières, les fées et d'autres esprits potentiellement malveillants. Il fallait également que les parents taisent le prénom choisi pour le bébé, au cas où une sorcière réussirait à l'entendre et s'en serve dans un sortilège.

Au-delà d'apporter la protection du Seigneur, le baptême était aussi jugé salutaire pour la santé du nourrisson. C'est ainsi que lorsqu'un bébé non encore baptisé tombait malade, ses parents envoyaient chercher aussi bien le vicaire ou le prêtre que le médecin. Comme on croyait que l'eau bénite des fonts baptismaux avait d'importantes vertus curatives, beaucoup de bébés malades étaient baptisés en vitesse dans l'espoir qu'ils guérissent.

Les jeunes enfants sont beaucoup plus vulnérables aux forces psychiques que les adultes. La majorité d'entre eux captent continuellement les pensées, les émotions et les sentiments des adultes importants de leur vie. Comme ils sont extrêmement perméables aux événements, de nombreuses méthodes ont été élaborées pour les protéger du mauvais œil et d'autres formes de négativité.

En Bulgarie, on attache un fil rouge aux poignets des nouveau-nés pour assurer leur sécurité. En Albanie, on habille souvent les garçonnets en fillettes, car cela sème la confusion chez les djinns, qui les laissent alors en paix. Dans le sud de la Chine, les jeunes enfants portent pour la même raison des chapeaux en forme de fleurs ou d'animaux ; les esprits malins croient que les enfants sont des fleurs, des hiboux, des tigres ou d'autres animaux, et ils les laissent tranquilles.

Jusqu'au siècle dernier, on croyait que les fées étaient capables de voler les bébés et de laisser des changelins (des leurres) à leur place. En Angleterre, les mères du Devon attachaient les draps du berceau ou les couvertures du bébé à ses langes pour qu'il ne soit pas enlevé par les fées[1].

Vous pouvez commencer à protéger vos enfants alors qu'ils sont encore dans l'utérus. Par exemple, porter des vêtements rouges et bleus repoussera les démons, qui n'aiment pas ces couleurs. Une petite friandise sous le lit protégera la mère et son enfant à naître. C'est particulièrement utile au moment de l'accouchement, car les démons seront attirés par la confiserie et laisseront la mère et l'enfant en paix.

Les femmes enceintes devraient éviter les cimetières, car elles sont particulièrement sensibles aux esprits malins qui se rassemblent en ces lieux. Si vous entrez dans un cimetière par inadvertance, l'antidote consiste à vous laver soigneusement les mains à l'eau courante, le plus vite possible après avoir quitté les lieux.

Certaines pierres peuvent s'avérer utiles aux femmes durant l'accouchement. On croyait autrefois qu'une bague ou un collier ornés d'un zircon hyacinthe ou d'une sardoine aidaient les femmes à mettre au monde leur enfant. Certains récits affirment que la mère qui porte de l'onyx accouchera prématurément. La douleur est néanmoins soulagée quand on pose un onyx sur la parturiente ou près de son corps.

Lilith est un démon célèbre, mentionné pour la première fois dans un livre hébreu du IXe siècle : *L'alphabet de Ben Sira*[2]. On lit dans cet ouvrage que Dieu créa Lilith avec de la boue pour en faire la première femme d'Adam. Au départ, c'était une féministe déterminée qui finit par s'irriter de ce qu'Adam insistait toujours pour faire l'amour dans la position du missionnaire. Après bien des disputes à ce sujet, Lilith s'enfuit vers la mer Rouge. Dieu envoya trois anges, Senoy, Sansenoy et Semangelof, pour la ramener mais elle refusa de retourner auprès d'Adam. Dieu lui dit alors qu'une centaine de ses enfants mourraient chaque jour jusqu'à son retour. Cela n'eut pas plus d'effet sur Lilith, qui jura qu'elle tuerait tous les enfants mâles de moins de huit jours et tous les enfants femelles de moins de vingt jours. En revanche, elle dit aussi aux trois anges qu'elle ne ferait pas de mal aux bébés protégés par une amulette portant leurs noms. Comme Lilith n'est jamais revenue auprès d'Adam, une centaine de démons meurt encore chaque jour.

On peut donc utiliser une amulette qui présente les noms des trois anges, Senoy, Sansenoy et Semangelof, pour protéger les nouveau-nés ainsi que leur mère. Il faut placer l'amulette au-dessus de la tête de lit. Les femmes enceintes devraient accrocher des amulettes sur les quatre murs et la porte de leur chambre. Dans l'Antiquité, les Hébreux rédigeaient ces amulettes sur du parchemin avec de l'encre contenant de l'encens sacré[3].

Un ruban rouge et de l'ail déposés sur le berceau du bébé ou à proximité protègent également des démons.

On dit que ces derniers détestent le métal. Voilà pourquoi on glisse parfois un couteau en métal sous l'oreiller des femmes sur le point d'accoucher afin de les protéger, ainsi que l'enfant à naître.

Dans son poème « Charmes », paru dans *Hesperides* (1657), Robert Herrick (1591-1674) chante les vertus du pain consacré pour aider les enfants à dormir :

« Apporte le pain consacré,
Glisse-le sous leur tête,
C'est un charme certain qui écarte
Les sorcières des enfants qui dorment. »

Plus loin dans le recueil, dans un autre poème intitulé « Another », il recommande également le pain consacré aux adultes :

« Si tu as peur d'être saisi par la crainte
Alors que tu erres au hasard dans les ténèbres,
Dans ta poche, pour te donner confiance,
N'emporte rien qu'un croûton ;
Car ce fragment de pain consacré
Charme le danger et l'appréhension. »

Avant la Réforme, en Angleterre, le pain consacré (le pain qui avait été béni par un prêtre) était distribué aux membres de la congrégation pour leur rappeler l'amour dont ils devaient faire preuve les uns envers les autres. On accordait une grande valeur au pain cuit le Vendredi saint car il protégeait son détenteur des accidents et des désastres[4].

Peu de gens se demandent pourquoi le bleu est la couleur réservée aux garçons et le rose, aux filles. À l'origine, on habillait les garçons en bleu pour les protéger des forces du mal. Cette couleur les protégeait aussi des sorcières, car la croyance populaire affirmait qu'elles détestaient le bleu, la couleur du ciel. Par ailleurs, les enfants et le bétail portaient des perles bleues qui les protégeaient du mauvais œil. Aujourd'hui encore, au Moyen-Orient, la porte d'entrée de bon nombre de maisons est peinte en bleu pour repousser les démons et les sorcières. L'adoption du rose pour les filles est relativement récente. Elle vient de ce que les gens trouvaient qu'il était injuste que les fillettes n'aient pas leur propre couleur[5].

Une bonne façon de protéger les enfants est de les amener dans une boutique de pierres et de cristaux et de les laisser en choisir un. N'essayez pas d'influencer leur choix, d'aucune manière, car ils choisiront intuitivement la meilleure pierre protectrice pour eux. Dites à l'enfant qu'il s'agit d'une pierre « chanceuse » et qu'il devra la conserver dans sa chambre. Ainsi, elle le protégera durant son sommeil.

Une prière avant d'aller au lit est un autre bon moyen de protéger un enfant pendant son sommeil. Même si les familles chrétiennes n'étaient pas toujours conscientes de ce qui les poussait à agir de la sorte, bon nombre d'entre elles suspendaient des portraits de Jésus ou d'anges dans la chambre des enfants. Ces images fournissent aussi une protection.

L'histoire de Grace

Grace est aujourd'hui âgée de 10 ans. Il y a six ans, elle est partie en vacances avec sa famille. Dans le jardin de la maison que ses parents avaient louée se trouvait un très vieux chêne, et Grace était fascinée par tous les glands qui tapissaient généreusement le sol. Quand son père lui a dit qu'on s'en servait comme porte-bonheur, elle en a rempli ses poches autant qu'elle a pu. À la fin des vacances, elle avait compris qu'elle n'avait besoin que d'un seul gland. Elle a passé des heures à tous les examiner avant de choisir celui qu'elle allait rapporter.

Quand la famille est rentrée à la maison, Grace a posé le gland à côté de son lit et il est devenu son bien le plus précieux. Chaque fois qu'elle avait besoin de renforcer sa confiance en elle, elle prenait le gland entre ses mains quelques minutes, jusqu'à ce qu'elle se sente capable d'affronter la situation. Durant quelques temps, elle l'emporta avec elle partout où elle allait, jusqu'à ce qu'elle comprenne qu'elle pouvait le perdre. Ses parents lui ont proposé de trouver d'autres glands, au cas où elle égarerait celui-ci, mais Grace répondait invariablement que son gland spécial la protégeait et l'aidait quotidiennement.

Les enfants sont très vulnérables et ils ont besoin de protection. Les adultes aussi, parfois, surtout durant leur sommeil. Un ensemble de méthodes a donc été élaboré pour les protéger durant les heures de la nuit. C'est le sujet du prochain chapitre.

CHAPITRE 9

SE PROTÉGER DURANT LA NUIT

C'est durant notre sommeil que nous sommes le plus vulnérables. Voilà pourquoi, dans beaucoup de contes de fées, des personnages sont endormis ou gardés prisonniers du sommeil au moyen d'un sortilège. *La Belle au bois dormant* en est un bon exemple. Dans ce récit, une jeune et belle princesse dort d'un sommeil enchanté pendant cent ans, jusqu'à ce qu'elle soit réveillée par le baiser d'un prince.

Il existait aussi d'autres sortilèges qui plongeaient les occupants d'une maison dans le sommeil, de sorte que les voleurs pouvaient s'enfuir avec les biens de la famille. Dans les pays scandinaves, un bandit pouvait lancer un os humain sur le toit de la maison qu'il avait l'intention de cambrioler en disant : « Au moment où cet os se réveille, que ces gens se réveillent. » Comme l'os n'allait jamais se réveiller, cette incantation garantissait au cambrioleur que les occupants resteraient profondément endormis bien longtemps après sa fuite.

Selon les régions du monde, ce sortilège a connu des variations. Ainsi, sur l'île de Java, les cambrioleurs saupoudraient de terre prélevée d'une tombe le pourtour de la maison dans laquelle ils avaient l'intention de s'introduire. Au Pérou, les voleurs indiens déposaient des restes humains calcinés devant les portes d'entrée afin de s'assurer que les occupants du lieu resteraient endormis.

Dans son édition du 16 janvier 1831, le journal anglais l'*Observer* rapporte un incident au cours duquel une bande de voleurs est entrée dans une maison au beau milieu de la nuit avec une main coupée provenant du cadavre d'un pendu. Une chandelle allumée était placée dans la paume de la main. Les malfaiteurs croyaient que la bougie dans la main du mort resterait invisible aux yeux des occupants de la maison. La main les ferait tous sombrer dans un profond sommeil dans lequel ils resteraient jusqu'à ce que quelqu'un éteigne la flamme de la chandelle avec du lait[1]. Selon une croyance autrefois répandue, la « main de gloire », comme on appelait la main coupée provenant du cadavre d'un homme encore pendu au gibet, permettait à ses nouveaux propriétaires de commettre des crimes sans se faire prendre[2]. Toutefois, l'article de l'*Observer* démontra que le sortilège avait échoué, car les voleurs avaient été découverts par les occupants et avaient pris la fuite en laissant la main derrière eux.

Devant cette alliance du vol et des sortilèges, il n'est pas étonnant que les gens se soient souciés de protéger leur domicile durant leur sommeil. Aujourd'hui, rares sont ceux qui croient à l'existence d'un sort pouvant les faire sombrer dans un sommeil magique, mais ils sont tout de même conscients qu'ils ont besoin de protection psychique durant les heures de la nuit. Heureusement, il existe un certain nombre de méthodes pour que les membres de votre famille et vous-même puissiez jouir de nuits de sommeil paisibles et sûres.

La position du lit

Chacun devrait se sentir en sécurité dans son lit. Venu de Chine, le feng shui, ce très vieil art de vivre en harmonie avec son environnement, insiste particulièrement sur la disposition de l'ameublement dans la chambre.

La meilleure position pour le lit est en diagonale de la porte, le plus loin possible de celle-ci. Vous devriez le placer de façon que vous puissiez voir facilement qu'on entre dans la chambre, idéalement sans avoir à tourner la tête à plus de 45 degrés. La tête de lit devrait être appuyée contre un mur plutôt que sous une fenêtre,

Le bout du lit ne devrait pas faire face à la porte. En feng shui, cette position est appelée la « position du cercueil ». Les Chinois avaient l'habitude d'enterrer leurs morts en fonction de leur horoscope, ce qui signifie qu'il arrivait qu'on ne puisse inhumer certains défunts avant que près d'un mois se soit écoulé. Les cercueils étaient donc alignés devant les temples en attendant le jour propice à l'enterrement. Le bout du lit placé face à la porte rappelle cette coutume.

Il n'est pas bon non plus d'avoir un miroir au pied de son lit. S'il vous arrivait de vous réveiller au milieu de la nuit et de vous asseoir, vous pourriez voir votre reflet dans la glace et en être effrayé.

Si vous essayez de séduire un compagnon ou une compagne, le lit devrait être accessible des deux côtés[3].

Voici trois actions que vous pouvez faire immédiatement si vous avez le sentiment que l'on essaie de vous attaquer psychiquement durant votre sommeil :

1. Changer votre heure habituelle d'endormissement, en vous couchant plus tôt ou plus tard.

2. Dormir dans une autre pièce pendant quelques jours.
3. Changer temporairement la position de votre lit dans la chambre.

À elles seules, ces actions ne régleront pas la situation, mais elles amoindriront la force de l'attaque et vous laisseront le temps de penser à d'autres moyens pour éliminer le problème.

L'eau

Un verre d'eau placé à la tête de votre lit avant d'aller dormir absorbera toute l'énergie négative présente autour de vous durant votre sommeil. Cette eau n'est pas destinée à la consommation. Au réveil, jetez-la et lavez soigneusement le verre, séparément du reste de la vaisselle. Puis, videz l'évier et remplissez-le de nouveau avant d'y nettoyer autre chose.

Répétez cela tous les soirs et vous constaterez que votre sommeil deviendra plus paisible et plus réparateur.

Le sel

Une pincée de sel sous les draps protégera quiconque dormira dans le lit. On utilisera idéalement du sel de mer, ou du sel consacré que l'on peut se procurer en s'adressant à l'Église catholique romaine ou à un magasin d'articles religieux. Le sel domestique peut faire l'affaire, pourvu que vous le teniez quelques secondes dans la paume de votre main et que vous le bénissiez silencieusement avant d'en saupoudrer le lit.

L'huile de cèdre

L'huile essentielle de cèdre possède de puissantes propriétés nettoyantes et protectrices. Cet arbre est considéré comme un symbole de grandeur, de force, d'incorruptibilité et d'immortalité. Au Moyen Âge, il était associé à la Vierge Marie en raison de ses qualités. Le temple de Salomon était essentiellement fait de cèdre.

Une ou deux gouttes d'huile essentielle de cèdre dans chaque coin de la chambre protégeront toute personne qui dormira dans la pièce. Le cèdre favorise en outre les rêves agréables, ce qui le rend doublement utile pour ceux qui font des cauchemars ou des rêves troublants.

La prière

Prier consiste à communiquer avec le Divin, et bon nombre de croyants prient avant d'aller se coucher ou en attendant de trouver le sommeil. Profitez-en pour demander votre protection et celle des êtres qui vous sont chers durant la nuit. Vous vous endormirez plus facilement, en sachant que vous êtes entouré de protection divine, comme le sont aussi les personnes qui comptent pour vous.

La prière et le sel forment une combinaison salutaire si vous êtes aux prises avec des rêves érotiques. Beaucoup apprécient ces rêves, mais ceux qui essaient de grandir spirituellement les considèrent parfois comme un obstacle et une distraction inutile. Prier juste avant de s'endormir contribue à élever l'âme à un niveau supérieur où les rêves sexuels ne se produisent pas.

L'expérience de Stephanie

Ma conjointe et moi avons rencontré Stephanie durant un voyage au Portugal. Stephanie venait de Chicago et travaillait dans la publicité. Elle prenait des vacances en Europe toute seule et avait besoin de temps pour se remettre d'un divorce pénible. Elle était persuadée que son ex-mari avait essayé de l'attaquer psychiquement durant son sommeil.

« J'ai commencé à faire des cauchemars, nous a-t-elle confié. Je me réveillais au milieu de la nuit, frissonnante et tremblante, et j'étais incapable de me rendormir. Au bout d'une semaine environ à ce régime, mon travail s'en est trouvé affecté puisque j'étais constamment épuisée. Mes enfants en souffraient aussi, j'étais devenue impatiente et colérique.

Une amie m'a suggéré de dormir dans une autre pièce. L'idée m'a paru saugrenue mais j'étais prête à tout essayer. J'ai été étonnée de constater que j'avais dormi comme un loir dans la chambre d'amis. Je ne faisais plus de cauchemars. Après quelques nuits, j'ai cru que le problème était réglé. Je suis retournée dans ma chambre et, à ma grande surprise, les cauchemars ont repris. Je suis certaine que Grant m'attaquait d'une façon quelconque dans mon lit, parce que tout allait bien quand je retournais dans la chambre d'amis. J'ai dormi dans cette chambre toutes les nuits durant un mois, ou peut-être plus, parce que je ne voulais pas revivre ces cauchemars. Au bout du compte, je me suis dit qu'il devait avoir laissé tomber ; je suis retournée dans mon lit et tout a bien été. À cette période, il avait rencontré une autre femme et je ne l'obsédais plus.

Une autre fois, peut-être trois mois plus tard, j'étais à New York pour affaires. J'avais eu une journée chargée et je m'étais couchée de bonne heure car j'avais mal à la tête. Quand je suis en voyage professionnel, je m'allonge sur le lit et je pense à mes enfants jusqu'à ce que je m'endorme. Ce soir-là, je savais instinctivement que quelque chose n'allait pas avec Jessica. J'imagine que c'était mon sixième sens. J'ai téléphoné à ma mère pour avoir des nouvelles et elle m'a dit que les enfants allaient bien. Je manquais à Jessica et à Simon et ils avaient hâte que je revienne. Nous avons bavardé un moment, puis je suis retournée me coucher. Malgré tout, le sentiment que quelque chose clochait ne me quittait pas. Je me souvenais d'avoir lu dans un livre quelque chose à propos d'une bulle de protection ; je me suis donc allongée sur le lit et j'ai imaginé une telle bulle autour du lit de Jessica. Comme cela ne me paraissait pas suffisant, je l'ai faite assez grande pour qu'elle enveloppe toute la chambre. Ensuite, j'ai pensé à Simon. Il avait certainement besoin de protection, lui aussi. Puis, j'ai pensé à maman qui dormait toujours à la maison quand j'étais partie. Alors, j'ai fait en sorte que la bulle de protection soit assez grande pour recouvrir toute la maison. Étrangement, je n'ai pas eu de difficulté à m'endormir après cela.

À mon réveil, je savais que tout allait bien. J'ai téléphoné à maman et parlé aux enfants. Jessica était tombée de son vélo l'après-midi précédent. Elle n'avait heureusement rien de cassé, mais elle était ébranlée et couverte d'ecchymoses. J'ai dû percevoir ces vibrations d'une façon ou d'une autre parce que je savais que quelque chose n'allait pas.

Maintenant, chaque fois que je suis loin de chez moi, j'enveloppe toute la maison dans une bulle pour protéger maman et les enfants durant la nuit. J'aime bien faire ça, parce que j'ai le sentiment d'être près d'eux. De plus, je me sens moins coupable d'être loin de la maison. »

Stephanie protégeait effectivement son domicile, ainsi que sa famille. Nous aborderons d'autres moyens de protéger votre demeure dans le prochain chapitre.

CHAPITRE 10

PROTÉGER VOTRE DOMICILE

L'être humain a toujours été soucieux de protéger son foyer et son environnement. C'est pourquoi il faisait grand usage d'amulettes, de charmes et de rituels. Même si certains considèrent qu'il s'agit là de vieilles superstitions, bon nombre de ces pratiques sont toujours en usage aujourd'hui.

En 1850, Margaret Gatty, la femme d'un vicaire, visita une maison à Catterick, dans le Yorkshire, et remarqua un « lourd collier » de pierres percées suspendu derrière la porte. La vieille dame qui habitait la demeure ne voulut pas parler du collier au début, mais elle finit par admettre qu'il avait été accroché là comme protection contre le mauvais œil[1].

Plus d'un siècle plus tard, en 1958, Juliette de Bairacli-Levy* découvrit un assemblage de deux pierres trouées dans une maison du parc national de New Forest, en Angleterre[2]. Je suis sûr que certains les utilisent encore aujourd'hui, cinquante ans plus tard.

Il y a plusieurs années, j'ai admiré une collection de baguettes magiques au musée Strangers' Hall de Norwich, en Angleterre. Il s'agissait de baguettes, de cannes ou de

* Herboriste anglaise, pionnière en médecine animale holistique.

cylindres en verre. Le verre de plusieurs de ces baguettes était orné de motifs en spirale de couleurs variées. Dans d'autres, le verre était rempli de fils, de perles ou de petites graines colorées. La théorie à la base des baguettes magiques voulait que tout esprit malin soit forcé de compter le nombre de perles, de graines, de fils ou de lignes ondulées avant de s'attaquer à un objet ou à une personne de la maisonnée. Toute la négativité, y compris les maladies potentiellement dangereuses, était attirée vers les baguettes magiques, et l'on pouvait la faire disparaître en essuyant les baguettes avec un linge tous les matins.

Les « boules de sorcière », sphères évidées remplies de fil coloré, avaient la même fonction. Elles étaient généralement en verre vert ou bleu et pouvaient mesurer jusqu'à 17 cm de diamètre. Il est fort probable que les boules qui décorent les sapins de Noël dérivent des traditionnelles boules de sorcière. Selon toute vraisemblance, elles étaient placées dans l'arbre pour dévier les regards envieux des visiteurs devant l'abondance de cadeaux entassés sous le sapin.

Ceux qui n'avaient pas les moyens de se procurer des boules de sorcière ou des baguettes magiques remplissaient des bouteilles de verre de fils colorés et les plaçaient à l'intérieur des cheminées et au-dessus des portes pour leur protection. Il arrive qu'on en trouve, encore aujourd'hui, en rénovant des maisons rurales anglaises.

Des cylindres en verre remplis de sel servaient aussi à protéger le foyer des sorcières et des esprits maléfiques.

Il est facile de confectionner une boule de sorcière. Le plus difficile est de trouver une boule en verre pourvue d'une ouverture. Vous dénicherez peut-être un ornement de Noël que vous pourrez transformer. Vous aurez aussi besoin de bobines de fil coloré. Vous pouvez remplir la boule de fil rouge, par exemple. Je préfère utiliser essentiellement du fil rouge et ajouter d'autres couleurs en petites quantités. Vous aurez enfin besoin de quelques gouttes d'huile essentielle d'oliban ou de patchouli. Si votre boule est en verre incolore, vous devrez recouvrir l'intérieur de peinture argentée. Pour cela, versez une petite quantité de peinture argentée dans la boule, puis tournez-la jusqu'à ce que l'intérieur en soit complètement recouvert. Laissez sécher. Coupez le fil en morceaux de 7 cm que vous insérerez dans la boule jusqu'à ce qu'elle en soit remplie, tout en veillant à ne pas trop tasser les fils. Ajoutez quelques gouttes d'huile essentielle, et pour finir, fermez et scellez la boule. Vous pouvez suspendre vos boules de sorcière partout où vous le voulez dans votre demeure. Si vous les avez confectionnées à partir d'ornements de Noël, elles seront très attrayantes suspendues à une fenêtre ou intégrées à un arrangement décoratif. *(Voir aussi les bouteilles de sorcière, chapitre 13.)*

Bon nombre d'édifices étaient jadis protégés par des sacrifices humains réalisés dans leurs fondations. Au Moyen Âge, on leur préféra plutôt les animaux, et notamment les chats. À partir du XVe siècle jusqu'au début du XXe siècle, on introduisait des chaussures d'enfant ou d'autres souliers. Il s'agissait généralement d'une seule chaussure, il était inhabituel d'en trouver une paire. On laissait parfois d'autres articles, par exemple des sacs à main et des couteaux avec la chaussure.

Cette tradition n'est pas purement anglaise. Dans les années 1960, on a découvert une paire de chaussures pour dame et des bottines pour garçon, sans semelles, dans les chevrons du toit d'une maison d'Abbs Valley, en Virginie.

Les chaussures dataient de la période 1850-1860. Dans les années 1940, on a également trouvé une bottine d'enfant datant du milieu du XIXe siècle dans un mur de la cuisine d'une maison près de St. David, en Ontario[3]. On peut encore voir la bottine au musée historique de Lundy's Lane, à Niagara Falls.

De temps à autre, il arrive qu'une personne rénovant une vieille demeure découvre un objet de protection remontant à plusieurs siècles. Ainsi, en 1867, alors qu'il restaurait sa maison de Brigg, dans le Lincolnshire, Edward Peacock a exhumé, à environ 40 cm sous le sol de la cuisine, un pavage datant probablement de l'époque médiévale. Certaines pierres avaient été retirées et remplacées par des têtes de fourchette, des chaînes et des faux cassées[4].

Si vous retapez une vieille maison et que vous découvrez un objet placé d'une certaine façon à des fins de protection, laissez-le en place car il continuera d'assurer une protection aux occupants actuels des lieux.

La protection de votre domicile commence avant même que vous emménagiez. Pour attirer la chance au maximum, une vieille tradition recommande que l'on entre dans une nouvelle demeure seulement après y avoir installé une chaudière à charbon et déposé une assiettée de sel. Vous devez ensuite balayer la maison avec un balai neuf. Ce n'est qu'après avoir fait cela que vous pouvez installer vos meubles.

Les coutumes entourant la pendaison de crémaillère sont pratiquées depuis plusieurs centaines d'années pour attirer la chance. Elles symbolisent le renoncement au passé et l'amorce d'un nouveau départ empreint d'enthousiasme et d'énergie optimiste. Les cadeaux offerts à cette occasion apportent la chance à la famille.

On croit que le lundi et le mercredi sont les meilleurs jours pour déménager, et que le vendredi est le pire. Achetez un nouveau balai quand vous changez de demeure, car apporter un vieux balai dans une nouvelle maison pourrait porter malchance. En revanche, prendre possession des lieux en faisant le tour des pièces avec un morceau de pain et un bol de sel dans les mains attire la chance.

Une fête organisée pour célébrer la pendaison de crémaillère est certes l'occasion de montrer votre nouvelle demeure, mais elle place surtout l'avenir de la maisonnée sous les meilleurs auspices

La possession d'objets de famille est considérée comme très favorable, tout en témoignant de l'importance des traditions familiales.

Bénir votre maison

Bénir votre maison dès que vous emménagez est une bonne idée. C'est un rituel très efficace, à pratiquer un ou deux jours avant la pendaison de la crémaillère. Vous pouvez aussi le faire chaque fois que vous le désirez ; je connais des gens qui bénissent leur domicile régulièrement.

Pour cela, chaque occupant aura besoin d'une clochette et d'un bol d'eau salée, ainsi que de quelques brins de romarin et d'un cristal pour chacune des pièces. Vous pouvez utiliser n'importe quel type de cristal. Toutefois, le quartz rose, pacifique et puissant, dynamisera toute la maisonnée.

Comme la cuisine est traditionnellement considérée comme le cœur du foyer, le rituel débute par cette pièce. Avant de commencer, choisissez une trajectoire qui vous fera parcourir toutes les pièces de la maison avant de vous ramener dans la cuisine.

Faites le silence un instant. En fonction de vos croyances, vous pouvez poursuivre en récitant une prière ou en visualisant la maison tout enveloppée de lumière blanche. Le silence initial a pour but de souligner la solennité de la bénédiction. Comme le rituel est en soi bruyant et amusant à célébrer, il est parfois facile d'oublier le dessein sérieux qui le sous-tend.

Le chef de famille conduit la procession à travers toutes les pièces. Chacun doit agiter sa clochette le plus vigoureusement possible. Il faut asperger toutes les pièces d'eau salée. Le chef de file doit porter une attention particulière aux coins de la pièce, tandis que les autres membres de la famille aspergeront l'encadrement des portes et des fenêtres ainsi que les murs. Comme il est difficile de faire tinter sa clochette et d'arroser la pièce en même temps, les occupants de la maison se partageront les tâches.

Une fois que toutes les pièces ont été humectées d'eau salée, le chef de famille conduit de nouveau la procession à travers la maison, en distribuant des brins de romarin. Si la plante est impossible à obtenir, on peut employer de l'huile essentielle. Cette fois, plutôt que de faire sonner des clochettes, les occupants peuvent entonner un hymne ou un chant en parcourant la maison.

Puis ils font de nouveau le tour de la maison, en chantant et en déposant un cristal dans chaque pièce.

Il est alors temps de sortir pour bénir l'extérieur de la maison, avec les clochettes et l'eau salée. On arrose tous les murs de la maison, puis le périmètre de la propriété.

Pour terminer le rituel, tous les membres de la maisonnée retournent dans la cuisine et, en se tenant par la main, remercient le Divin pour leur foyer et tous les autres bienfaits dont ils jouissent.

Si l'on veut, on peut aussi purifier la maison par fumigation, une fois le rituel achevé. Les cristaux et le romarin devraient rester en place pendant vingt-quatre heures.

Chasser la négativité de votre maison

Certaines pièces, et même une maison tout entière, peuvent absorber des vibrations négatives. Les animaux en sont souvent plus conscients que les humains. Quand j'étais adolescent, nous sommes allés, en famille, rendre visite à des amis qui dirigeaient un centre pour adolescents délinquants. Le refuge était vide à cette époque de l'année et nous, les enfants, prenions beaucoup de plaisir à jouer à cache-cache dans cet immense édifice avec Bruce, notre labrador. C'était l'un des jeux préférés de Bruce et le nouvel environnement rendait le jeu encore plus amusant que d'habitude. À la fin de la journée, mon frère, mes sœurs et moi étions cachés dans la penderie d'une petite chambre au deuxième étage. Nous avons entendu Bruce courir dans le couloir et entrer dans la chambre. Il s'est arrêté net et a lancé un hurlement à vous glacer le sang, ce que nous ne l'avions jamais entendu faire auparavant. Nous pouvions le voir par une fente dans la porte de l'armoire. Il nous tournait le dos, le poil hérissé, le regard fixé sur le coin le plus éloigné de la pièce. Il a grogné longuement, plusieurs fois, avant de sortir lentement de la pièce à reculons. Il est parti en courant retrouver nos parents et s'est assis le plus près possible de mon père, la queue entre les jambes.

Nous avons soigneusement examiné le coin de la chambre, mais nous n'avons strictement rien vu ni perçu. Il était évident que Bruce avait senti une vibration négative que nous n'avions pas détectée.

Mes parents prenaient agréablement le thé avec leurs amis et ils n'ont probablement pas été très heureux de nous voir débouler tous les quatre pour leur raconter avec excitation ce que nous avions vu. Le directeur du refuge a été intrigué car sa femme de ménage lui avait dit qu'elle se sentait bizarre chaque fois qu'elle se trouvait dans cette partie de l'édifice. Apparemment, l'ancienne directrice du centre était morte dans cette chambre quelques années auparavant et Bruce avait été capable de percevoir sa présence astrale. Le directeur du centre nous a dit qu'il allait faire exorciser la pièce ; il voulait que nous revenions avec Bruce une fois que cela serait fait. Malheureusement, il est décédé peu de temps après et nous ne sommes jamais retournés chez lui pour voir si l'exorciste avait chassé la négativité de la pièce.

Vous pouvez utiliser de l'encens pour chasser toute forme de vibrations négatives de votre demeure.

Le sang de dragon

Vous aurez besoin de charbon de bois auto-inflammable et de sang de dragon*, un mélange de différentes résines végétales utilisées dans plusieurs parfums d'encens. Il

---

* Sève de couleur rouge de l'arbre appelé dragonnier (NdE).

est facile de se procurer ces deux ingrédients dans une herboristerie ou une boutique New Age. Afin d'éviter d'incendier votre domicile, vous aurez aussi besoin d'un encensoir ou d'un autre ustensile dans lequel vous pourrez faire brûler le charbon de bois. J'emploie un bloc de béton de 46 cm^2.

Commencez par ouvrir toutes les fenêtres de la maison. Faites sortir les animaux domestiques jusqu'à ce que vous ayez terminé le processus de purification. Vous voudrez peut-être demander au reste de la maisonnée de sortir aussi. Il vaut mieux pratiquer les rituels de purification en solitaire.

Placez le bloc de béton sur le sol, au centre de la maison. Déposez le charbon de bois auto-inflammable au centre du bloc. Remplissez un gros récipient d'eau et laissez-le à proximité, au cas où il s'avérerait nécessaire.

Enflammez le bord supérieur du charbon de bois. Attendez que sa surface ait rougi sous l'effet de la chaleur, puis, à l'aide d'une cuillère, déposez délicatement 1,25 g (¼ c. à thé) de sang de dragon au centre du charbon. Si vous vivez dans une grande maison, vous devrez peut-être doubler la dose de sang de dragon ; attendez que le premier quart de cuillérée soit consumé avant d'en ajouter un second.

Une fois le sang de dragon consumé, attendez au moins quarante minutes avant de refermer les fenêtres.

Le sang de dragon éliminera toute la négativité présente dans votre domicile. Mais le rituel ne sera pas terminé avant que vous ayez attiré une énergie positive pour la remplacer. Le plus simple est de faire brûler de l'oliban. On s'en procure facilement dans les boutiques New Age et les magasins d'articles catholiques. Une alternative moins coûteuse consiste à utiliser un encens d'église qui contient de l'oliban. Attendez environ une heure après avoir éliminé la négativité à l'aide du sang de dragon. Remplacez le charbon de bois et allumez-le. Quand il est rouge, ajoutez 1,25 g (¼ c. à thé) d'oliban.

L'encens végétal

On trouve également sur le marché toute une gamme d'encens végétaux que l'on peut faire brûler sur du charbon de bois à des fins de protection. Le laurier, le cèdre, la cannelle, le clou de girofle, le copal, l'oliban, le genièvre, la myrrhe et le romarin sont tout particulièrement utiles.

- *Le benjoin* est utilisé à des fins de purification et de prospérité. Il stimule également l'intellect. Cet encens s'avère utile au moment de la prière.
- *Le bois de santal* induit le calme et la sérénité. Il rehausse également la spiritualité.
- *La cannelle* exerce un effet calmant qui dissipe la colère et l'agressivité. Elle a un grand pouvoir de protection.
- *Le cèdre* sert à purifier et à favoriser la guérison. Il apporte la protection et favorise la spiritualité.
- *Le clou de girofle* attire l'amour et l'argent. Il sert aussi à la purification et à la protection.
- *Le copal* rehausse la spiritualité et l'intuition. Il sert également au nettoyage et à la protection.
- *Le genièvre* est utilisé pour l'exorcisme et la protection.
- *Le jasmin* sert à apaiser les douleurs émotionnelles. Il permet de discuter de façon calme et rationnelle.

- *Le laurier* stimule la perception psychique. On l'emploie aussi à des fins de guérison, de protection et de purification.
- *La myrrhe* est utilisée en méditation, ainsi que pour la guérison et la protection. Elle est précieuse à ceux qui cherchent la paix de l'esprit.
- *L'oliban* est utile pour se protéger et pratiquer un exorcisme. Il favorise également l'amitié, l'amour et la communication à cœur ouvert.
- *Le piment de la Jamaïque* est recommandé quand vous recevez des visiteurs. Il crée un environnement harmonieux et favorise les conversations agréables. Il attire également la chance dans le foyer. Il a aussi un autre avantage : il aide à la résolution de problèmes dans les relations intimes.
- *Le romarin* sert à l'exorcisme, à la guérison et à la protection. Il favorise un sommeil agréable.

Les cônes et les bâtonnets d'encens

On peut également faire brûler des cônes ou des bâtonnets d'encens partout dans la maison pour purifier les lieux et faire naître des sentiments positifs. On en trouve une large gamme dans le commerce. Expérimentez-les avec les parfums qui vous semblent intéressants et utilisez-les chaque fois que vous sentez que vous avez besoin d'aide ou de protection.

Le pouvoir protecteur du fer

Les êtres humains plantent des clous en fer dans les encadrements des portes depuis des milliers d'années. Ils agissaient ainsi pour protéger leur demeure ou un édifice. Les origines de cette pratique se sont perdues bien avant que Pline l'Ancien (23-79), l'érudit romain, ne la mentionne dans son *Histoire naturelle*, une encyclopédie en trente-sept volumes. Le fer était le métal associé à Mars, le dieu de la Guerre. Or Mars était l'ennemi de Saturne, qui régnait sur les sorcières. Tout objet en fer pouvait donc servir à éloigner ces dernières[5]. C'est pourquoi on plantait des clous dans les berceaux ainsi que dans le lit des femmes prêtes à enfanter. Les meilleurs clous destinés à cet usage étaient les clous rouillés trouvés sur le sol.

Le fer a toujours été considéré comme un métal doté de propriétés apotropaïques, c'est-à-dire capables de repousser les esprits malins et la malchance. Cela en faisait un matériau très recherché pour la confection de charmes et d'amulettes. On a découvert des amulettes de fer météorique dans le tombeau de Toutânkhamon. Jusqu'à tout récemment, avant d'entrer dans des endroits sombres ou potentiellement dangereux, les Égyptiens s'écriaient : « Du fer pour toi, démon ! » L'expression chassait tout esprit malveillant qui aurait pu s'y attarder[6].

Bon nombre de vieux cimetières sont entourés de clôtures en fer, étant donné leur efficacité contre les esprits malins. On avait aussi pour habitude de placer du fer dans les berceaux des nouveau-nés afin de les protéger des fées qui auraient pu les enlever et laisser un changelin à leur place.

On accroche des fers à cheval au-dessus des portes d'entrée des maisons pour en protéger les occupants depuis le XVe siècle au moins. Les fers à cheval combinent à la fois le fer et la forme du croissant de lune, ce qui constitue une puissante amulette. Associé à la déesse Lune, le croissant protège de la malchance et du mauvais œil.

Un fer à cheval cloué avec les pointes vers le haut attire la chance dans la demeure où il se trouve. Mais pour qu'il assure la protection des occupants, ses pointes doivent être dirigées vers le bas. On devrait en outre le fixer en utilisant un nombre impair de clous. Le fer à cheval cloué au-dessus de la porte avec ses clous d'origine est considéré comme particulièrement bénéfique.

À une certaine époque, on croyait que les forgerons possédaient des pouvoirs surnaturels car ils travaillaient avec le fer et le feu, deux éléments puissants et mystérieux. En Angleterre, il existe une légende charmante à propos de saint Dunstan (909-988 approx.), qui était forgeron avant d'entrer dans les ordres puis de devenir l'archevêque de Canterbury. Elle raconte qu'un jour, un personnage étrange vêtu d'une cape demanda à Dunstan de le ferrer lui, plutôt que son cheval. Naturellement, Dunstan eut des soupçons, surtout parce qu'il savait que Satan avait les pieds fourchus. Il enfonça les clous dans les pieds du démon avec une telle énergie que Satan hurla de douleur. Avant de partir, ce dernier jura qu'il n'entrerait plus jamais dans une maison protégée par un fer à cheval cloué au-dessus de la porte d'entrée. Une comptine raconte une histoire semblable :

« Saint Dunstan, d'après ce qu'on raconte,
Tira un jour le diable par le nez

Avec des pinces de forge rougies au feu, ce qui le fit tant crier,
Qu'on l'entendit à quatre kilomètres et plus. »

Quand je vivais à Cornwall, en Angleterre, ma propriétaire gardait des couteaux en fer sous les paillassons de sa porte d'entrée et de la porte arrière de sa maison. Sa meilleure amie y mettait plutôt des ciseaux. Elles agissaient ainsi pour empêcher les esprits malins de pénétrer chez elles.

Le lessivage des planchers

Pour chasser toute négativité de votre demeure, vous pouvez faire un lessivage de protection des planchers chaque fois que vous le voulez ; rien ne vous oblige à attendre de sentir que cela s'impose. Ce lessivage se fait de l'arrière de la maison vers l'avant. Si votre demeure compte plus qu'un étage, commencez par l'étage supérieur.

Idéalement, le lessivage devrait se faire à l'eau de pluie ou avec de l'eau tirée d'une source ou d'un cours d'eau. Si c'est impossible, l'eau du robinet fera l'affaire. Cependant, comme on considère que l'eau naturelle est préférable parce qu'elle n'est pas traitée, essayez de vous en procurer dans la mesure du possible.

Ajoutez 5 ml (1 c. à thé) de sel, d'ail et de vinaigre à l'eau, et servez-vous de ce mélange pour laver les planchers. Jetez l'eau qui reste dehors, à l'est de votre porte d'entrée.

Selon la tradition, les lessivages étaient toujours faits avant l'aube, pour éliminer les vibrations négatives avant le lever du jour. Vous pouvez toutefois le faire chaque fois que vous sentez le besoin d'être protégé. Un bon moment pour y procéder est immédiatement après le départ d'un visiteur indésirable ou désagréable. Il y aura ainsi fort peu de chances que la personne revienne.

Si, après un lessivage de protection, vous purifiez votre foyer avec de l'encens, vous utilisez avec efficacité les quatre éléments : l'eau (celle utilisée pour le lessivage), l'élément terre représenté par le sel, l'ail et le vinaigre, le feu qui vient de la combustion de l'encens, et l'air grâce à la fumée qui en résulte.

Purifier votre demeure

La purification est le terme que l'on emploie pour décrire l'évacuation des énergies malsaines de votre demeure et de votre environnement de travail. Selon la situation, vous pouvez procéder de deux façons : expulser l'énergie négative ou augmenter la concentration d'énergie positive.

Dans le premier cas, laissez de l'ail dans chacune des pièces de la maison durant une nuit. Au matin, ramassez les gousses et faites-les brûler dehors.

Vous pourriez préférer intensifier l'énergie positive en disposant des fleurs aux parfums agréables dans toutes les pièces. Les roses remplissent traditionnellement cette fonction, mais n'importe quelle fleur à l'odeur suave conviendra. Un peu de menthe élimine l'énergie malsaine, tout en augmentant la concentration d'énergie bienfaisante.

On a toujours utilisé le sel pour chasser la négativité, et il s'avère efficace pour purifier votre demeure. Préparez une solution d'eau et de sel de mer. Bénissez-la en silence et remerciez-la de purifier votre maison. En utilisant vos doigts, projetez quelques gouttes d'eau salée dans tous les coins. Terminez en aspergeant légèrement le centre de chaque pièce. Si vous purifiez toute votre demeure, n'oubliez pas la cave, le grenier et le garage. Vous devriez percevoir un changement dans l'atmosphère de votre demeure en moins de vingt-quatre heures. Vous pouvez faire appel à l'une ou l'autre de ces méthodes si vous ressentez une forme de négativité dans une pièce de la maison.

Il existe aussi une autre solution : placer un gros cristal au centre de la pièce et laisser toutes les portes et les fenêtres fermées durant au moins une semaine. Le cristal absorbera la négativité présente dans la pièce. À la fin de la semaine, enfouissez-le dans la terre durant deux ou trois mois pour lui permettre de se nettoyer et d'éliminer la négativité qu'il a absorbée.

Une autre méthode encore, tout aussi efficace, consiste à vous asseoir au centre de la pièce qui a besoin d'être purifiée. Fermez les yeux et visualisez cet espace le plus clairement possible. Il y a différentes manières de faire une visualisation. Vous serez peut-être capable de « voir » la pièce clairement en imagination. Vous pourrez aussi n'en avoir qu'une vague image, sinon aucune. Vous pourrez peut-être sentir l'atmosphère de la pièce ou même « l'entendre » en imagination. La façon dont vous visualisez n'a aucune importance. Une fois que vous avez atteint cette étape, visualisez toute la négativité qui se dirige vers une fenêtre ou vers la porte. Pour ma part, j'imagine un aspirateur géant qui absorbe toute la négativité et la dirige vers la porte. Quand vous êtes certain que toute la négativité est rassemblée au même endroit, voyez en imagination qu'elle est expulsée hors de votre demeure. À une certaine époque, j'imaginais un balai géant qui faisait disparaître toute la négativité par la porte, puis hors de la maison.

Tout exercice de visualisation qui vous permet de vivre l'élimination de la négativité donnera de bons résultats.

L'espace sacré

Tout espace consacré à une fonction précise acquerra au fil du temps sa propre énergie. Vous pouvez ressentir ce phénomène dans chacun des endroits que vous fréquentez. Ainsi, l'atmosphère de votre banque sera tout à fait différente de celle du supermarché du coin, même si ces deux entreprises ont peut-être beaucoup de clients communs. De la même manière, une église fera naître des sentiments autres que ceux ressentis dans une école.

De même, toute partie de votre domicile qui sert à un dessein spirituel acquerra sa propre force et sa propre énergie, ce qui peut s'avérer extrêmement utile pour la protection psychique de votre maisonnée. Un sanctuaire ou un autel sont de bons outils pour cela. Le simple fait d'exposer un petit objet qui représente votre système de croyances contribuera à votre protection.

Vous devez vous assurer que tout espace que vous consacrez à votre pratique spirituelle ne sera utilisé qu'à cette fin. Par conséquent, la table de votre d'autel ne devrait pas être chargée de provisions ou de vêtements.

Il n'est pas nécessaire que votre espace sacré soit à l'intérieur. Si vous avez un jardin, vous pourriez créer un cercle magique ou construire un cairn (amas de pierres). Ces lieux se chargeront d'énergie au fil des rituels qui y seront célébrés, ce qui fournira une protection à tous les occupants de la maison. La forme pyramidale du cairn relie symboliquement les mondes physique et spirituel.

La création d'un cairn peut constituer un rituel en soi. Tout ce dont vous avez besoin pour l'ériger est un nombre suffisant de pierres, n'importe lesquelles ; toutes celles qui vous plaisent feront l'affaire.

Nettoyez le sol sur lequel vous comptez créer votre petite pyramide. Pensez à votre besoin et à votre désir de protection, tout en tenant l'une des pierres dans vos mains en coupe. Imprégnez la pierre d'une parcelle de votre énergie personnelle, puis posez-la sur le sol. Faites la même chose avec la pierre suivante et continuez de penser à votre besoin de protection pendant que vous ajoutez progressivement des pierres jusqu'à ce que vous sentiez que le cairn est complet. Posez doucement une main sur la pierre du sommet et remerciez le cairn d'assurer votre protection et celle des êtres qui vous sont chers. Rendez régulièrement visite à votre espace sacré pour le remercier de vous aider.

Il y a des années, j'ai visité une plage isolée et constaté que quelqu'un avait bâti juste au-delà de la ligne des hautes eaux quatre monticules alignés sur les quatre points cardinaux. J'ai supposé que le créateur les avait érigés pour définir un cercle magique et qu'il les avait laissés en guise d'offrande aux esprits de la nature.

Le feng shui

Originaire de Chine, le feng shui est l'art ancien de vivre en harmonie avec son environnement ; la protection de votre domicile et de ceux qui vous sont chers en constitue une partie essentielle. L'arrière et les côtés de la maison devraient être protégés de façon subliminale par des éléments tels que des immeubles, des collines, des arbres ou d'autres végétaux. Idéalement, le terrain devant la maison sera ouvert et en pente douce ; il offrira aussi une vue sur les montagnes ou d'autres propriétés, car la façade de la maison n'est pas protégée si la perspective s'ouvre sur l'horizon.

La maison ne devrait pas se situer au fond d'une vallée ni à son sommet. En effet, l'énergie malsaine s'agglomère à l'endroit le plus bas, et une maison située sur un sommet est exposée et sans protection.

Évitez d'habiter une demeure nettement plus petite que ses voisines, car les propriétés plus vastes absorberont toute la bonne énergie.

Les objets pointus dirigés vers votre logis sont considérés comme dangereux puisqu'ils braquent l'énergie négative dans votre direction, surtout s'ils sont orientés vers votre porte d'entrée. Les grosses branches d'arbre, en particulier si elles proviennent d'arbres morts, en sont un exemple, tout comme les rochers déchiquetés, les angles des maisons avoisinantes, les antennes de télévision et les grands panneaux d'affichage.

C'est aussi le cas des éléments brillants qui réfléchissent la lumière vers votre maison. Les fenêtres et les murs des grandes bâtisses peuvent parfois réverbérer la lumière sur les propriétés adjacentes. Les antennes paraboliques orientables et les sculptures en acier inoxydable peuvent avoir le même effet.

Heureusement, dans le feng shui, un remède existe pour presque toutes les influences négatives. Vous pouvez dévier n'importe quelle forme de négativité pointant vers vous en disposant un miroir de sorte qu'il envoie la négativité à son point d'origine. Veillez à ce que l'objet que vous repoussez apparaisse clairement dans le miroir.

Si les côtés et l'arrière de votre maison ne sont pas protégés, vous pouvez planter une rangée d'arbres ou ériger une clôture, qui feront aussi obstacle à tout objet orienté vers votre domicile.

Votre porte d'entrée devrait être accueillante. Il faudrait qu'elle soit bien éclairée, dégagée et facile à trouver. Le porche devrait être protégé des éléments ; ce n'est pas très plaisant de rester sous la pluie en cherchant ses clés ; vous ne voudriez pas non plus que vos invités soient trempés le temps que vous veniez leur ouvrir la porte.

Comme nous passons environ un tiers de notre vie à dormir, la chambre est l'une des pièces les plus importantes dans le feng shui. Il faut que nous nous sentions à l'aise, en sécurité et protégés pendant notre sommeil. Le lit doit donc être placé de façon que l'on puisse facilement voir si quelqu'un entre dans la pièce quand on est allongé. Idéalement, il ne faudrait pas avoir à tourner la tête de plus de 45 degrés. La meilleure position pour le lit est habituellement en diagonale de la porte.

Le gardien du foyer

Le gardien du foyer est une statuette ou un ornement qui incarne l'esprit de votre demeure. Choisissez un objet que vous trouvez beau et qui symbolise les qualités que vous jugez indispensables pour le protecteur de votre foyer. Vous opterez peut-être pour un animal, comme un chat ou un chien, ou un ange, un guerrier, un dieu.

Puis, préparez soigneusement l'endroit où cet objet prendra place. Organisez une petite cérémonie d'accueil et confiez-lui pourquoi vous l'avez choisi. Dites-lui que vous avez confiance, qu'il protégera votre demeure et que, pour le remercier, vous lui offrirez régulièrement des fleurs, des cristaux et de l'encens.

Au début, la statue ou la figurine que vous venez d'acheter n'aura pas un grand pouvoir de protection, mais à mesure que vous la nourrirez en lui parlant et en lui offrant de petits cadeaux, elle développera sa puissance et son énergie et deviendra le gardien précieux de votre maison.

Les plantes protectrices

L'être humain utilise les plantes pour se protéger depuis le début de son histoire. Un des plus ancien traité médical parvenu jusqu'à nous remonte environ à l'an 950 de notre ère. Rédigé en vieil anglais, il comprend trois volumes et s'intitule *Leech Book of Bald.* Bien que ce soit une copie d'un original plus ancien, on ne sait pas si l'auteur du livre est Bald ou s'il s'agit du nom du copiste. Le plus long chapitre du troisième volume est consacré à la « blessure elfique » ou « maladie des elfes »[7] . Toutes les maladies ou morts inexplicables chez les humains ou les animaux étaient attribuées aux elfes. On utilisait donc certaines herbes et certains végétaux pour protéger les gens et le bétail de la maladie des elfes.

Les plantes à l'odeur prononcée – armoise, ciboulette, ail, poireau, lis, armoise commune et oignon – étaient suspendues au-dessus des fenêtres et des portes. On les brûlait aussi parfois, comme s'il s'agissait d'encens.

Les oignons étaient particulièrement efficaces ; on les accrochait souvent dans les pièces pour attirer et absorber toutes formes d'énergie négative et de maladie qui auraient pu autrement causer du tort aux occupants.

On pouvait aussi pratiquer une incantation intéressante avec les oignons. La personne victime d'une attaque psychique ou entourée de négativité pelait trois petits oignons et les suspendait dans trois pièces différentes de sa demeure. Les oignons étaient attachés au plafond par des boucles de fil rouge qui passaient au centre de chaque bulbe. On les laissait en place durant sept nuits, ce qui leur donnait le temps d'absorber toute la négativité présente dans la maison. Au bout de sept nuits, il fallait les ramasser et les faire brûler dehors dans un feu de joie. Sinon, on peut aussi lancer les oignons dans une rivière ou n'importe quel autre cours d'eau. Ce sortilège extrêmement puissant absorbera toute la négativité présente. Cependant, si l'attaque est particulièrement virulente, il faudra répéter ce geste afin d'obtenir un résultat concluant.

Le sureau était considéré comme une plante offrant une très grande protection. On en plantait à proximité des maisons pour qu'elles jouissent de ses bienfaits protecteurs.

L'Herbarius du Pseudo-Apulée, qui date du XIe siècle, recommandait de suspendre de l'armoise commune audessus de la porte d'entrée de sa demeure. Si l'on suivait ce conseil, « aucun homme ne pouvait causer de dommages à la maison »[8]. Le même ouvrage recommandait également l'alysse, la bétoine, l'aristoloche, le marrube, la pivoine et l'achillée millefeuille comme protection, surtout contre le mauvais œil.

L'angélique était réputée extrêmement efficace pour protéger les demeures et la famille. En 1656, William Coles a d'ailleurs écrit que l'on serait protégé de tout mal en ayant sur soi des racines d'angélique[9].

Le millepertuis a toujours été considéré comme une plante puissante et protectrice. On l'appelle aussi *hypericum*. Elle fut la première plante à être suspendue dans les maisons la veille de la Saint-Jean (soit le 23 juin), avec le bouleau, le fenouil, le lis blanc et l'orpin.

On suspendait aussi un bulbe de *narcisse* dans la maison pour repousser les esprits malins. En général, on l'enveloppait dans un tissu blanc. On pouvait aussi l'entourer d'un mouchoir blanc propre et le garder sur soi, dans sa poche.

Bien que la plupart de ces pratiques relèvent des us et coutumes d'une époque ancienne, de nombreuses personnes aiment encore avoir des plantes protectrices dans leur jardin, peut-être parce qu'elles perpétuent ainsi une tradition familiale, parce qu'elles aiment ces plantes, ou parce que les cultiver leur procure un sentiment de sécurité.

On considère le jardin comme un endroit particulier où l'on peut se détendre et communier avec la nature. L'un de mes amis dit de son jardin qu'il est son « sanctuaire ». Bien qu'il passe d'innombrables heures à y travailler, il estime cet effort relaxant et gratifiant. En fait, c'est sa façon d'échapper à un quotidien très chargé.

Les jardins ont aussi des connotations sacrées et mystiques qui remontent probablement au jardin d'Éden. Les associations magiques attribuées à diverses plantes se retrouvent dans la plupart des traditions populaires. La croyance charmante selon laquelle les fées des fleurs protègent les jardins et tout ce qui croît est apparemment plus qu'une simple tradition folklorique, quand on considère le grand nombre de jardins magnifiques qui ont été créés partout à travers le monde avec l'aide des divinités et des fées. Les jardins de Findhorn, en Écosse, et de Perelandra, en Virginie, en sont deux bons exemples[10].

L'être humain a toujours porté sur lui des charmes composés d'herbes et d'autres plantes, destinés à remplir plusieurs fonctions, dont celle de le protéger. *L'ail* est probablement l'exemple le plus connu, puisque presque chacun sait qu'il repousse les vampires. De nos jours, certaines grands-mères chinoises, grecques et juives donnent encore à leurs petits-enfants nouvellement nés une gousse d'ail afin de repousser le mauvais œil[11].

La verveine est associée à la planète Vénus. Par conséquent, même si on la portait comme charme végétal protecteur, elle servait aussi à attirer l'amour et les idylles.

Créer un charme à base de plantes consiste à placer des herbes dans en un petit sac coloré. La fonction du charme détermine la couleur du sac. Les meilleurs coloris pour les charmes de protection sont le blanc, le rouge, le vert et le violet.

Voici quelques espèces arboricoles que l'on plante le plus fréquemment à des fins de protection :

L'aubépine

Selon une vieille croyance, l'aubépine et l'if attirent les bonnes fées qui protègent la maison et le jardin. À une certaine époque, on éparpillait des feuilles d'aubépine dans les berceaux pour protéger les bébés des sorcières.

Le bouleau

Le bouleau favorise la tolérance et la compréhension. Il donne la force dont on a besoin pour défendre ses croyances. Il attire la chance et confère la protection. C'est pourquoi son bois a toujours été privilégié pour fabriquer des baguettes magiques et des porte-bonheur.

Le cèdre

Le cèdre est un grand protecteur de la maison et de ses alentours. On peut s'en servir pour guérir les émotions. On croyait autrefois que son bois était indestructible et que l'arbre en lui-même était immortel. C'est pourquoi le cèdre a toujours été considéré comme une bonne source de protection.

Le chêne

Le chêne est l'arbre sacré des druides. Il apporte la paix et l'harmonie au foyer. Il symbolise la fermeté, la force et le courage.

On utilise les glands comme charmes de protection pour leur très grande efficacité : un seul gland confère une protection globale, un trio a la réputation de vous garder jeune d'allure et d'esprit.

Le cyprès

Le cyprès accroît l'amour dans la cellule familiale. On l'appelle parfois « l'arbre chrétien » parce qu'il symbolise le stoïcisme et la volonté de défendre ce qui est juste et vrai. Il donne de la force pour résister à toutes les formes d'attaque.

Le hêtre

On dit que le hêtre pousse au paradis, où l'été est éternel. On dit aussi qu'il apporte la chance à quiconque vit près de lui et qu'il est l'un des trois arbres les plus favorables que l'on puisse avoir près de sa demeure (les deux autres sont l'érable et le chêne). Le hêtre est aussi considéré comme le pendant féminin du chêne, et c'est un signe de très grande chance quand ils poussent à proximité l'un de l'autre. On utilise les brindilles de hêtre pour chasser les esprits maléfiques.

Le houx

Le houx apporte la vitalité et le bonheur. Il protège aussi la demeure de toutes les formes de négativité. Beaucoup portent des baies de houx sur eux pour qu'elles les protègent et dévient les énergies négatives, quelles qu'elles soient.

Le laurier

Cet arbuste a la réputation de protéger la maison et le jardin des inondations et des incendies.

Le noisetier

Les druides disaient à propos du noisetier qu'il était un arbre de beauté, de savoir, de sagesse et de fécondité. Les Chaldéens et les Égyptiens confectionnaient des baguettes magiques en noisetier. Il est dit qu'il faudrait conserver un rameau de l'arbre sur le manteau de la cheminée pour protéger une maison. De nos jours, beaucoup portent encore une brindille de noisetier sur eux, convaincus qu'elle agit à la manière d'un charme qui assure que tous les rêves se réaliseront.

L'orme

L'orme encourage les esprits de la nature à s'occuper du jardin et de la maison. Il confère de la force à la famille.

Le pin

Au Japon, on décore l'extérieur des maisons et des entreprises de *kadomatsus* (littéralement « pin du seuil ») lors du Nouvel An. Ces décorations comportent des tiges de bambou et des branches de pin et servent d'habitations temporaires aux *kamis* (esprits) pour la nouvelle année, ceux-ci procurant chance et protection. Les arrangements varient mais les éléments doivent rester identiques : trois tiges de bambou coupées en biseau pour représenter le ciel, la terre et l'humanité – la tige symbolisant le ciel étant la plus longue. Des branches de pin sont insérées dans le bas du *kadomatsu* ; elles peuvent avoir n'importe quelle longueur, mais leur présence ne doit pas éclipser le bambou. Les tiges de bambou sont liées avec de la corde neuve et posées sur une natte de paille récemment tissée. Les *kadomatsus* sont toujours exposés par paire, représentant le mâle et la femelle.

Le sorbier des oiseaux

Le sorbier des oiseaux, aussi appelé cormier d'Europe, bénit et protège ceux qui vivent dans son entourage. C'est par tradition l'arbre de la Déesse. La légende affirme que les fées veillent sur tout jardin qui abrite un sorbier. On dit aussi que les sorcières et les esprits malins le détestent et qu'ils font tout leur possible pour l'éviter. On plantait des sorbiers près des demeures pour les préserver de la foudre et apporter la chance à la maisonnée. On en plantait aussi dans les cimetières pour chasser les fantômes. C'était aussi un bois très prisé pour fabriquer des embarcations car il protégeait la navigation.

Le sureau

On considère le sureau comme un arbre tutélaire qui protège la famille tout entière. C'est un arbre de régénération qui symbolise l'énergie vitale car il repousse à partir d'une simple tige. Il chasse les esprits malins ; d'ailleurs, on accrochait souvent des branches de sureau à l'entrée des maisons et des bâtiments de ferme. Il fallait toutefois trouver les branches sur le sol car couper un sureau était censé porter malheur.

Les fleurs et les arbres selon votre signe du zodiaque

Certaines fleurs et certains arbres ont la réputation de protéger les personnes en fonction de leur signe astrologique.

Bélier

Fleurs et herbes : laurier, cannelle, clou de girofle, trèfle des prés, coriandre, sang de dragon, chrysanthème matricaire, ail, gingembre, ajonc d'Europe, chèvrefeuille, genièvre, capucine, menthe poivrée, pois de senteur, chardon, rosier sauvage.

Arbres : marronnier, houx, roncier.

Taureau

Fleurs et herbes : potentille, tussilage, ancolie, pâquerette, myosotis, digitale, muguet, lime, livèche, mandragore, petite pervenche, oignon, pavot, primevère, rose, sauge, oseille, violette, gaulthérie.

Arbres : amandier, pommier, frêne, cerisier, figuier, myrte, poirier, sycomore, noyer.

Gémeaux

Fleurs et herbes : angélique, bergamote, bétoine, aneth, fougère, chèvrefeuille, iris, lavande, poireau, muguet, menthe, myrte, origan, muflier, thym, verveine.
Arbres : marronnier, sureau, avelinier, noisetier.

Cancer

Fleurs et herbes : anis, mélisse citronnelle, carvi, cataire, cerfeuil, liseron, aneth, géranium, monnaie-du-pape, hysope, jasmin, pied-d'alouette, olivier, menthe poivrée, pavot, troène, cresson de fontaine, nénuphar, rose blanche.
Arbres : érable, sycomore, saule.

Lion

Fleurs et herbes : amandier, arnica, camomille, camphrier, populage des marais, cyclamen, narcisse des prés, forsythia, héliotrope, lavande, citronnier, souci, gui, passiflore, pivoine, tournesol.
Arbres : laurier-sauce, citrus, laurier noble, chêne, olivier, palmier, pin.

Vierge

Fleurs et herbes : orge, fève, renoncule, chicorée, bleuet, ginseng, langue de chien, lis blanc, pensée, panais, patchouli, romarin, bois de santal.
Arbres : sureau, noisetier, tous les arbres qui donnent des noix.

Balance

Fleurs et herbes : aigremoine eupatoire, aloès, fleurs de pommier, campanule, œillet, concombre, pissenlit, digitale pourprée, hellébore, hortensia, nigelle de Damas, persil, rose, fraise, violette.

Arbres : amandier, pommier, frêne, myrte, prunier, peuplier, noyer.

Scorpion

Fleurs et herbes : acacia, amarante, basilic, fausse renoncule, chrysanthème, populage des marais, géranium, lierre, achillée millefeuille, mimule, menthe pouliot, bruyère pourpre, rhododendron, valériane.

Arbres : prunellier, houx, aubépine commune.

Sagittaire

Fleurs et herbes : œillet, cèdre, pissenlit, sureau, eucalyptus, géranium, aubépine, narcisse, muscade, sauge, chardon, giroflée.

Arbres : frêne, hêtre, bouleau, marronnier, mûrier, chêne, peuplier, sorbier des oiseaux.

Capricorne

Fleurs et herbes : amarante, belladone, benjoin, renoncule, œillet, casse, consoude, graine de lin, lierre, marjolaine, morelle, pensée, plantain, rue, perce-neige, sceau de Salomon, hamamélis de Virginie.

Arbres : cyprès, orme, houx, pin, peuplier, épicéa, saule, if.

Verseau

Fleurs et herbes : bourrache, cyprès, fenouil, digitale, oliban, gentiane pourpre, jusquiame noire, iris, botryche lunaire, molène, orchidée, perce-neige, millepertuis.

Arbres : tous les arbres fruitiers, pin.

Poissons

Fleurs et herbes : œillet, haricot, ergot, géranium, héliotrope, narcisse des prés, muguet, lotus, pavot, verveine, violette, nénuphar.

Arbres : figuier, saule.

L'eau de rose

L'eau de rose est utile pour protéger votre demeure. Vous pouvez vous en procurer dans de nombreuses pharmacies, ou la faire vous-même, elle est facile à préparer.

Voici ma recette :

Versez 5 g de pétales de rose dans 225 ml d'eau bouillante. Laissez infuser 15 minutes environ.

Ajoutez 57 ml de vodka, et remuez pendant 30 secondes.

Laissez refroidir avant l'utilisation.

Vous pouvez humecter d'eau de rose les encadrements des fenêtres et des portes de votre domicile. Je préfère me déplacer dans la maison dans le sens des aiguilles d'une montre et faire le tracé des encadrements en suivant cette direction. L'une de mes connaissances conserve son eau de rose dans un flacon pulvérisateur, ce qui lui permet de la vaporiser rapidement et facilement où elle le souhaite dans la maison.

Enlacer un arbre

Quand mes enfants étaient jeunes, je les taquinais parfois lorsque nous étions en public. Chaque fois que je commentais la grande beauté d'un arbre, ils se sauvaient en courant, parce qu'ils pensaient que j'allais les embarrasser en prenant l'arbre dans les bras.

Enlacer un arbre est une forme de méditation. C'est aussi une formidable façon d'évacuer le stress et de se remplir d'énergie. Il n'y a pas une bonne ou une mauvaise façon d'étreindre un arbre. Le simple fait de toucher son écorce est bénéfique. J'ai constaté que la méthode la plus efficace consiste à enlacer l'arbre en mettant mes chakras du front et du cœur en contact avec le tronc.

Choisissez un arbre qui vous plaît sur le plan esthétique. En général, j'opte pour les arbres plus âgés car j'aime l'énergie qui s'en dégage. De votre côté, vous préférerez peut-être les plus jeunes.

Placez-vous devant l'arbre, debout, les jambes écartées. Souriez-lui pendant quelques secondes et appuyez-vous contre lui de telle sorte que votre poitrine, siège du chakra du cœur, entre en contact avec le tronc. Entourez-le de vos deux bras et serrez-le doucement. Laissez reposer votre front contre le tronc pour permettre à votre chakra frontal d'entrer en contact avec l'arbre. Respirez lentement, profondément, et fermez les yeux.

Respirez lentement et profondément, en utilisant votre diaphragme, et dirigez votre attention sur la région du chakra du cœur. Vous sentirez naître graduellement un sentiment de paix et de tranquillité. Après trente secondes environ, fixez votre attention sur votre chakra du 3ᵉ œil pendant la même durée. Faites passer votre attention d'un chakra à l'autre, aussi longtemps que vous le souhaitez. Sentez l'énergie de l'arbre vous parcourir.

Continuez d'enlacer l'arbre aussi longtemps que vous en avez envie. Quand vous sentez que vous êtes prêt à vous en écarter, remerciez-le en silence. Caressez ou tapotez son tronc pour le saluer. D'ordinaire, je lui fais aussi un signe de la main en partant.

Certaines personnes dynamisent l'ensemble de leurs chakras en appuyant leur dos contre le tronc et en enlaçant l'arbre par-derrière. Je le fais aussi, à l'occasion, mais en général, je préfère faire face à l'arbre que j'enlace. Pour absorber l'énergie d'un arbre, on peut aussi s'asseoir à ses pieds, le dos appuyé contre son tronc.

Toutes ces méthodes vous donnent de la force et de l'énergie et vous permettent d'affronter n'importe quelle situation l'esprit calme.

L'expérience de Rory

Je connais Rory depuis toujours ou presque. C'est un homme charmant, sociable et enthousiaste. C'est également un homme d'affaires très prospère. Sa femme est adorable et ses trois enfants, qui sont adultes aujourd'hui, se portent tous bien. Il n'a jamais manifesté d'intérêt pour les questions psychiques, bien qu'il m'ait toujours encouragé dans l'écriture de livres sur le sujet pour subvenir à mes besoins.

Rory et Judy, son épouse, changent de maison tous les cinq ou six ans. Leurs amis adorent les sensationnelles pendaisons de crémaillère qu'ils orchestrent à chaque nouvel emménagement. Ce couple d'amis, qui aiment recevoir, organise aussi des soirées plus intimes pour célébrer les changements de saison.

Il y a près d'un an, lors d'un déjeuner avec Rory, je lui ai justement parlé de l'une de ses pendaisons de crémaillère en ajoutant qu'elles étaient vraiment amusantes.

« Tu sais pourquoi nous les organisons ?, m'a-t-il dit.

Il s'est esclaffé en voyant l'expression sur mon visage :

Oui, nous pendons la crémaillère pour bénir la maison et encourager ses esprits à prendre soin de nous.

— Pourquoi ne m'en as-tu jamais parlé avant ?, lui ai-je demandé.

Il a ri de nouveau, avant de me répondre :

— Eh bien, ce n'est pas le genre de sujet qu'on aborde avec tout le monde, et j'ai tenu pour acquis que tu le savais de toute façon.

J'ai secoué la tête :

— L'idée ne m'avait jamais traversé l'esprit. Nous n'avions jamais abordé un tel sujet avant.

— Maintenant, tu sais tout.

— Et les soirées que vous organisez tous les solstices ?

— Elles réaffirment notre attachement à la maison. Judy croit qu'elles contribuent à protéger la maison.

— Et toi ?

Rory a haussé les épaules.

— Je suis toujours partant pour faire la fête. Et, oui, je pense que le plaisir et les rires contribuent à protéger la maison. Les gens disent toujours que nos maisons ont de bonnes vibrations, et je suis certain que ces soirées y contribuent. »

Dans le prochain chapitre, nous verrons comment utiliser la méditation à des fins de protection. C'est une manière complètement différente d'assurer la protection énergétique d'autrui ainsi que la vôtre.

CHAPITRE 11

MÉDITER POUR VOUS PROTÉGER

L'être humain pratique la méditation depuis des milliers d'années. On a découvert un sceau datant de 4 000 ans dans les ruines d'une cité antique appelée Mohenjo-daro (aujourd'hui au Pakistan). Ce sceau représente une silhouette assise, jambes croisées, dans une position de méditation. C'est la première trace connue de cette pratique[1].

L'objectif ultime de la méditation est de ne faire qu'un avec le Divin. Cependant, la majorité des gens qui méditent le font pour faire naître la paix et le calme dans leur esprit, leur corps et leur âme. La méditation procure de nombreux bienfaits, parmi lesquels une meilleure estime de soi, une meilleure santé, une plus grande créativité, des relations aux autres plus étroites et la connaissance de soi. La méditation permet aussi à ses adeptes de cultiver leurs capacités spirituelles et psychiques (surtout la clairvoyance et la précognition).

Dans les années 1970, des chercheurs ont découvert les impressionnantes vertus de la méditation sur la santé. Herbert Benson, professeur de médecine à l'université de Harvard, a constaté que la méditation diminue la pression artérielle, le rythme cardiaque, le rythme respiratoire et la tension musculaire. En conséquence, le métabolisme ralentit. Des études subséquentes ont révélé que la méditation aide les personnes qui souffrent d'angoisse, de dépression, de stress, de maux de tête, d'insomnie et de douleurs chroniques.

Cette pratique joue un rôle important dans plusieurs religions, notamment le bouddhisme, l'hindouisme, le soufisme et le taoïsme. Elle est aussi présente dans les traditions mystiques juives et chrétiennes.

La méditation vous permet de maîtriser votre mental, en remplaçant des schémas de pensée négatifs et ancrés de longue date par des pensées positives de force, de confiance et de protection.

Pour expérimenter la méditation, vous avez seulement besoin d'un coin chaud et tranquille où vous ne serez pas dérangé durant au moins trente minutes. Selon la tradition, la méditation se pratique assis au sol, dans la position du lotus. Vous pouvez néanmoins méditer dans n'importe quelle position qui vous paraît confortable. Vous voudrez peut-être vous asseoir sur une chaise à dossier droit, les pieds au sol et les mains sur les cuisses. Ou poser vos deux mains l'une sur l'autre, les paumes tournées vers le ciel. Vous préférerez peut-être vous étendre sur le dos, les bras le long du corps. Si tel est le cas, essayez de vous étendre par terre plutôt que sur un lit. J'ai constaté que lorsque je médite au lit, j'ai tendance à m'endormir durant l'exercice, ce qui ne m'arrive pas quand je m'étends sur le plancher ou sur le sol, à l'extérieur.

Portez des vêtements amples. Au besoin, utilisez un oreiller et une couverture. Il est important d'être à la fois au chaud et à l'aise. Vous désirerez peut-être avoir un fond sonore durant votre méditation. Choisissez alors une musique calme et douce, sans mélodie perceptible. Il m'arrive de le faire, mais en général, je préfère méditer dans le silence.

Prenez plusieurs respirations lentes et profondes. Une fois que vous vous sentez détendu, fixez votre attention sur les différentes parties de votre corps et laissez-les se détendre jusqu'à ce que votre corps tout entier soit complètement relâché.

Une fois que vous aurez atteint cet état, vous serez en mesure de transmettre à votre esprit des suggestions positives, selon lesquelles vous êtes fort et maître de votre vie. Vous serez capable d'affirmer que votre intellect, votre corps et votre esprit sont protégés par l'amour divin.

Quand vous êtes prêt à revenir à votre quotidien, vous n'avez qu'à compter, lentement, de un à cinq. Ouvrez les yeux, étirez-vous et relaxez-vous pendant une ou deux minutes avant de vous lever et de retourner à vos occupations.

Plus vous répéterez cet exercice, plus il deviendra facile. Néanmoins, vous constaterez avec quelle facilité, plutôt déconcertante, vous pouvez vous laisser distraire par les bruits extérieurs, ou même par les pensées décousues qui jaillissent dans votre esprit. Chaque fois que vous constatez que votre esprit vagabonde, ramenez doucement votre attention sur votre objectif.

Pour vous faciliter la tâche, vous voudrez peut-être enregistrer le texte suivant de sorte qu'il vous guide durant l'exercice. Quand on fait ses premiers pas en méditation, il est beaucoup plus simple de suivre une méditation guidée que de méditer par soi-même.

Inspirez doucement, lentement et profondément, puis fermez les yeux en expirant. Laissez les muscles autour de vos yeux se détendre. En fait, laissez tous vos muscles se détendre. Chacune de vos respirations vous relaxe de plus en plus. Laissez-vous porter par ce sentiment de relâchement plaisant, à mesure que vous dérivez, de plus en plus profondément, avec chacune de vos respirations, tranquillement.

Maintenant, inspirez profondément et retenez votre souffle un instant avant d'expirer lentement. Vous aimez respirer ainsi, lentement et profondément, car cela vous aide à vous enfoncer de plus en plus dans une relaxation totale.

Dirigez à présent votre attention vers votre pied gauche et laissez les muscles de vos orteils se relâcher. Une fois que vous les sentez totalement décontractés, laissez cette agréable sensation de détente se répandre dans votre pied gauche et envahir votre cheville. Rien ne presse. Prenez votre temps et laissez cet agréable sentiment de relaxation gagner chaque cellule de votre pied gauche et de votre cheville.

Laissez cette détente gagner votre jambe puis chasser les tensions dans les muscles de votre mollet, de votre genou et de votre cuisse, jusqu'à ce que vous sentiez toute votre jambe gauche totalement décontractée.

Placez maintenant votre attention sur votre pied droit et laissez les muscles de vos orteils se détendre. Sentez cette relaxation plaisante se répandre dans votre pied droit et monter dans votre cheville. Une fois que vous sentez votre pied dénoué, mou et totalement détendu, laissez la relaxation se répandre doucement dans votre jambe droite, jusqu'à ce que vos deux jambes soient totalement, complètement, détendues.

Laissez cette agréable détente gagner votre abdomen, se répandre dans votre poitrine et envahir vos épaules. Sentez la détente qui se propage doucement dans votre bras gauche, jusqu'au bout de vos doigts. Totalement, complètement, absolument détendu. C'est une sensation merveilleuse. Laissez la détente se répandre dans votre bras droit et gagner le bout de vos doigts.

Quand tout votre corps est totalement détendu, laissez la relaxation gagner votre cou et votre visage. Laissez les petits muscles entourant vos yeux se décontracter, puis sentez cette relaxation

plaisante gagner le sommet de votre crâne. Vous êtes totalement détendu dans tout votre corps.
Laissez une autre vague de détente agréable vous envahir, en commençant par vos pieds et en remontant graduellement à travers tout votre corps jusqu'au sommet de votre tête. Tout en respirant, lentement et profondément, et en vous relaxant, vous jouissez de cette sensation de tranquillité et de détente totales dans toutes les cellules de votre corps. Toutes les parties de votre corps sont dénouées, relâchées et très, très détendues. C'est une sensation merveilleuse de fondre dans cet état de relaxation totale où rien ne peut plus vous troubler ni vous ennuyer.
Même si vous vous sentez totalement détendu en ce moment, vous savez que vous pouvez pénétrer encore plus profondément dans ce merveilleux monde de quiétude total. Pour vous aider à y parvenir, imaginez que vous êtes debout sur la crête d'une colline et que vous contemplez le panorama le plus grandiose que vous n'ayez jamais vu. En imagination, regardez autour de vous et prenez quelques instants pour jouir de la paix, du silence et de la tranquillité absolue de la scène. Sentez la chaleur du soleil, le souffle léger de la brise sur votre visage. Quelques oiseaux volent au-dessus de vous, et vous entendez le battement rythmé de leurs ailes. Baissez les yeux et vous verrez dix marches en bois qui conduisent vers un petit plateau où vous pourrez vous étendre sur l'herbe douce et vous relaxer encore davantage.
Posez la main sur la rampe et multipliez votre détente par deux chaque fois que vous descendez, lentement, l'une des dix marches de l'escalier de bois.
Dix. Multipliez votre détente par deux, en posant le pied sur la première marche.
Neuf. Descendez une autre marche. Vous sombrez de plus en plus profondément dans une paix et une relaxation totales.
Huit. Vous vous laissez aller, vous vous sentez merveilleusement bien et très, très détendu.

Sept. Multipliez votre détente par deux encore une fois, en posant le pied sur la marche. Vous vous autorisez à devenir plus dénoué et plus détendu que vous ne l'avez jamais été.
Six. Une autre marche. De plus en plus loin, de plus en plus profond dans cette détente agréable.
Cinq. Vous êtes à mi-chemin maintenant.
Quatre. Vous jouissez de la sensation des marches en bois sous vos pieds tandis que vous multipliez encore une fois votre détente par deux.
Trois… deux… et un. En posant le pied sur la belle herbe chaude, vous ressentez une détente et une paix incroyables. En vous asseyant, vous sentez l'odeur suave de l'herbe et percevez sa douce texture sous vos mains. C'est tellement confortable que vous vous allongez dans l'herbe douce et tout ce qui reste de stress et de tension en vous se déverse immédiatement dans le sol, tandis que vous restez calme, détendu et serein sur l'herbe chaude et agréable.
Dans ce magnifique état de calme, de paix et de détente, vous pouvez regarder tous les aspects de votre vie de façon sereine et détachée. Vous comprenez que vous avez la maîtrise totale de votre vie et que vous pouvez accomplir tout ce que vous décidez de réaliser. Que vous le sachiez ou non, vous êtes protégé en tout temps par la lumière divine. Cette lumière divine veille sur votre sécurité et vous protège du mal. Toutes les pensées et les émotions positives sont attirées vers vous et, en même temps, toute la négativité est repoussée.
Chaque fois que vous ressentez le besoin d'un surcroît de protection, vous n'avez qu'à fermer les yeux, à prendre trois respirations lentes et profondes et à vous imaginer dans votre chambre secrète, où tout est absolument parfait. Imaginez maintenant que vous descendez un escalier splendide et que vous entrez dans la plus magnifique pièce que vous ayez vue de votre vie. Elle est spacieuse et bien éclairée. Les murs accueillent une collection de belles peintures et l'ameublement semble confortable et chaleureux. La température ambiante est parfaite. Sentez la douceur

de la moquette sous vos pieds tandis que vous traversez la pièce. Inspirez profondément le bon air frais. Prenez place dans l'un des fauteuils confortables et laissez votre corps s'y enfoncer. Vous ne vous êtes jamais senti aussi détendu, aussi rassuré. Dans cet état plaisant et tranquille, vous vous acceptez et vous reconnaissez la personne merveilleuse que vous êtes.

Levez les yeux et voyez une lumière pure et blanche descendre en vous et autour de vous, vous imprégnant d'énergie et d'un sentiment de sécurité et de bonheur. Tandis que vous observez, la pièce tout entière se remplit de cette lumière pure et protectrice. À chacune de vos inspirations, vous saturez votre corps de cette lumière divine, salutaire et protectrice. Cette lumière blanche vous protège intérieurement et extérieurement de toutes les formes de négativité. Elle vous entoure de sécurité et d'amour. C'est un mur impénétrable qui vous protège et assure votre sécurité en tout temps. Vous ressentez du bonheur et du bien-être dans chaque cellule de votre corps, car vous savez que vous êtes totalement protégé, chaque jour et chaque nuit. Quel que soit l'endroit où vous irez à partir de maintenant, vous ressentirez une sécurité additionnelle, en sachant que vous êtes totalement protégé de toute forme d'attaque psychique.

Chaque fois que vous éprouvez le besoin d'un surcroît de protection, vous n'avez qu'à fermer les yeux, à prendre trois respirations lentes et profondes et à vous imaginer dans votre chambre secrète, où tout est parfait et où vous ressentez une protection et une sécurité totales. Restez quelques secondes dans cette pièce spéciale ; en rouvrant les yeux, vous sentirez que vous êtes en sécurité et que vous avez la situation bien en main, indépendamment de sa nature. Les situations qui vous paraissaient difficiles ou anxiogènes vous semblent désormais faciles, car vous restez calme, détendu et confiant, puisque vous savez que vous êtes constamment entouré de la lumière divine qui vous protège et vous donne de l'assurance à la fois. Vous êtes transformé maintenant. Vous avez créé une toute nouvelle réalité positive pour vous-même.

Vous êtes confiant, autonome, déterminé et assuré. Vous êtes maître de vous et vous pouvez gérer n'importe quelle situation de façon calme et détendue.

Vous pouvez visiter votre chambre secrète et particulière chaque fois que vous le désirez. Après chaque visite, vous vous sentirez revigoré, libre d'agir et capable de faire face à tout ce que la vie pourrait vous envoyer. Vous sentez que vous êtes fort, ancré, en sûreté, en sécurité et protégé en tout temps. La lumière blanche de la protection vous accompagne toujours.

Et maintenant, étant totalement protégé et revitalisé dans votre corps, votre esprit et votre âme, il est temps de revenir au moment présent. Vous retournerez graduellement à la pleine conscience d'éveil en cinq temps. Un, votre énergie augmente et vous vous sentez merveilleusement bien. Deux, vous vous sentez plein d'assurance et d'énergie. Trois, vous vous rappelez tout ce qui s'est passé durant cette méditation. Quatre, vous vous sentez très, très bien ; et cinq, vos yeux s'ouvrent et vous êtes en pleine forme. »

Certaines personnes aiment écouter cette méditation le soir dans leur lit, car cela les aide à relâcher leurs tensions et à s'endormir. Si vous choisissez de faire de même, vous pouvez adapter le décompte final comme suit, pour jouir d'une bonne nuit de sommeil :

« *Et maintenant, étant totalement protégé et revitalisé dans votre corps, votre esprit et votre âme, il est temps de revenir au moment présent. Vous retrouverez graduellement la pleine conscience d'éveil en cinq temps. Si vous écoutez ce texte au lit, au bout de cinq, vous vous retournerez et jouirez d'un sommeil agréable, paisible et régénérateur.*

Quand vous entendrez ces paroles en d'autres circonstances, vous ouvrirez les yeux au bout de cinq en vous sentant totalement revitalisé et maître de vous-même.

Et maintenant, le décompte débute. Un, votre énergie augmente et vous vous sentez merveilleusement bien. Deux, vous vous sentez plein d'assurance et d'énergie. Trois, vous vous rappelez tout ce qui s'est passé durant cette méditation. Quatre, vous vous sentez très, très bien ; et cinq, vos yeux s'ouvrent et vous êtes en pleine forme.

N'oubliez pas de vous ancrer après avoir médité. Sortez et touchez de la terre. Mangez ou buvez quelque chose, et pratiquez une activité physique pour vous ramener à la réalité.

Si vous êtes stressé ou victime d'une attaque psychique prolongée, vous voudrez peut-être ajouter une bulle de protection à votre méditation. Ce pourrait être celle-ci :

Vous êtes calme et détendu en tout temps, car vous êtes totalement enveloppé dans une bulle de protection incolore qui vous protège du mal, du stress et de la pression. Votre bulle de protection déviera toutes les formes de pression, de stress et de négativité ; elles rebondiront loin de vous, tandis que vous resterez calme et libéré de tout stress intérieur. Votre bulle vous protège de n'importe quelle forme de pression et de négativité, quelles qu'elles soient.
Maintenant, visualisez une situation qui vous a semblé difficile dans le passé. Voyez que vous la gérez facilement dorénavant, puisque vous êtes entouré de votre bulle de protection. Vous pouvez observer la négativité rebondir et s'éloigner de vous. Vous êtes totalement protégé, en sûreté et en sécurité dans votre bulle de protection. Vous êtes maintenant immunisé contre toute forme d'antagonisme, de stress, de jalousie, d'envie ou d'attaque psychique, car vous êtes complètement enveloppé et rassuré dans votre bulle de protection invisible. Vous pouvez affronter n'importe quelle

situation calmement, parce que vous êtes totalement protégé et complètement libéré de tout stress. »

Vous voudrez peut-être aussi inclure votre maison, votre famille et les personnes qui vous sont chères dans votre méditation. Vous pourrez, par exemple, dire ceci :

« *Vous êtes en sûreté, en sécurité, protégé à l'intérieur de votre bulle de protection, et maintenant, vous allez lui faire prendre de l'expansion. À chacune de vos respirations calmes, votre bulle de protection s'élargit un peu plus, jusqu'à englober toute votre demeure et tous les êtres que vous aimez et chérissez. Vous pouvez voir que ces personnes [nommez les êtres que vous voulez protéger] sont en sécurité à l'intérieur de cette énorme bulle et qu'elles jouissent de toute la protection et de toute la sécurité dont elles ont besoin.*

Et si, pour une raison ou pour une autre, l'une de ces personnes doit sortir de votre bulle de protection, elle est entourée d'une bulle personnelle. En imagination, vous pouvez la voir sortir de votre bulle de protection, puis s'éloigner pour vaquer à ses occupations en étant protégée dans le cocon de sa propre bulle. Et lorsqu'elle revient, elle peut facilement se fondre de nouveau dans votre bulle. Votre demeure, votre famille et les êtres que vous chérissez sont tous rassurés, sereins et pleinement protégés. »

La méditation avec les cristaux

On utilise souvent les cristaux pour intensifier la méditation, et parfois même pour l'induire. Vous pouvez choisir les cristaux que vous voulez, mais on se sert le plus souvent de l'améthyste et du quartz rose, incolore ou fumé.

Préparez-vous à méditer comme vous le faites habituellement. Tenez le cristal dans vos mains ou placez-le à un endroit où vous pourrez le voir. Dirigez votre attention sur lui et prenez plusieurs respirations lentes et profondes. Observez la forme, la couleur et la beauté de votre cristal. Laissez vos yeux se fermer dès que vos paupières s'alourdissent et dirigez votre attention sur votre respiration. Sentez que vous entrez progressivement dans un état de détente méditative. Laissez votre aura prendre de l'expansion et englober le cristal, et sentez l'énergie cristalline dans toutes les parties de votre corps. Faites durer la sensation le plus longtemps possible. Il se peut même que vous sentiez que vous ne faites plus qu'un avec le cristal. Vous pouvez lui poser des questions ou simplement jouir d'en faire partie.

Quand vous êtes prêt, reprenez conscience de votre respiration, faites trois respirations lentes et profondes et rouvrez les yeux. Remerciez le cristal pour ses enseignements. Restez assis ou étendu une ou deux minutes, puis levez-vous. Pratiquez une forme d'ancrage avant de reprendre vos activités.

Si vous avez une collection de cristaux, vous pouvez vous en servir pour former un motif ou un mandala et méditer en les regardant. Vous pouvez aussi vous entourer d'un cercle de cristaux et méditer en son centre.

Maintenant que vous avez appris à vous détendre rapidement et facilement, vous êtes prêt à aborder les techniques de gestion d'une attaque psychique délibérée.

CHAPITRE 12

REPOUSSER UNE ATTAQUE PSYCHIQUE

L'attaque psychique est une agression paranormale délibérée, commise par un individu ou un groupe contre un autre individu. Son intention est de causer anxiété, inquiétude et maladie, et parfois même de provoquer la mort. Quand les aborigènes « pointent l'os » en direction de quelqu'un, dans les faits, ils l'attaquent psychiquement. On a rapporté de nombreux cas de victimes qui ont dépéri et sont décédées à la suite de ce genre d'attaques. Enfoncer des aiguilles et des clous dans une poupée de cire qui symbolise la victime est une autre forme d'attaque psychique délibérée, étant donné que l'intention est de lui faire du mal.

En 1455, après que de multiples discussions eurent échoué, les religieuses du couvent de Wennigsen, près de Hanovre, tentèrent d'attaquer psychiquement un groupe de dignitaires venus pour les réformer. Elles s'allongèrent les bras ouverts en croix et se mirent à psalmodier le motet habituellement chanté durant le service funèbre : « Au milieu de la vie, nous sommes dans la mort. » Leur intention était manifeste : elles voulaient occire ces dignitaires indésirables[1].

L'exemple probablement le plus célèbre d'une attaque psychique délibérée est la malédiction de Jacques de Molay

(1243-1314), dernier grand maître des Templiers. Le 18 mars 1314, alors qu'il était sur le point d'être brûlé vif sur le parvis de la cathédrale Notre-Dame, à Paris, Jacques de Molay jura de se venger de ses persécuteurs, c'est-à-dire le pape Clément V et le roi Philippe IV, en leur prédisant qu'ils viendraient le rejoindre dans la mort dans moins de douze mois. Le pape mourut de dysenterie le 20 avril 1314, alors que le roi Philippe s'éteignit le 29 novembre 1314, bien avant que l'année se soit écoulée[2].

Au début du XVIIIe siècle, un chef écossais nommé M'Alister Indre fut victime d'une malédiction. Après une bataille menée contre un clan voisin, il fit pendre les deux fils d'une veuve à l'extérieur de la demeure de celle-ci. M'Alister s'esclaffa devant la mère au cœur brisé, mais le soir même, elle le maudit par ces paroles : « Je souffre en ce moment, mais toi, tu souffriras toujours. Tu m'as laissée sans enfants, mais toi et les tiens serez pour toujours sans héritiers. La maison de M'Alister n'aura jamais de fils. »

Cette malédiction s'est accomplie car peu de temps après, le chef de clan écossais fut capturé et mis à mort par les Anglais, laissant sa femme sans enfants[3].

L'attaque psychique peut provenir de n'importe où, à n'importe quel moment. Vous pouvez en être victime même si vous essayez consciemment de bien vous entendre avec tous ceux que vous côtoyez. Des étrangers pourront vous maudire s'ils vous jugent différent d'eux. D'autres pourront envier votre succès apparent. La jalousie et le ressentiment sont habituellement les raisons que l'on invoque pour expliquer les attaques psychiques. Si vous obtenez une promotion au travail, le collègue qui avait espéré la recevoir à votre place pourrait vous attaquer. Toute personne en compétition avec vous, pour une raison ou une autre, pourrait potentiellement décider de vous nuire psychiquement. La politique montre le bout de son nez même dans les petits groupes et les clubs restreints. Les luttes de pouvoir sont souvent la raison d'attaques psychiques.

Bien que le sujet soit populaire dans les œuvres de fiction, l'attaque psychique intentionnelle et prolongée est extrêmement rare. Je suppose qu'il est possible pour deux magiciens de s'attaquer mutuellement sur ce plan, mais comme cela exigerait énormément de temps et des efforts, sans parler d'énergie négative, je doute qu'un magicien sérieux considère l'entreprise comme profitable. Après tout, si la victime s'était protégée, l'énergie négative serait déviée, et le magicien agresseur forcé d'affronter le triple retour d'énormes quantités d'énergie négative. Cela signifierait que celui qui est à l'origine de l'attaque en souffrirait beaucoup plus que celui qui est attaqué.

En revanche, les attaques psychiques mineures et subconscientes sont courantes. Heureusement, vous pouvez faire un certain nombre de choses si vous découvrez que vous en êtes victime :

- *Ancrez-vous.* Sortez et touchez de la terre. Passez un moment dans un parc ou un jardin pour renforcer toutes les cellules de votre corps.
- *Renforcez votre aura* par des méditations, des visualisations et de l'exercice.
- *Envoyez de l'amour* à tous ceux que vous connaissez : amis et ennemis.
- *Prenez des bains d'eau salée.* Quand elles sont victimes d'une attaque psychique, certaines personnes aiment ajouter deux volumes de bicarbonate de soude à un volume de sel.

- *Rehausser votre estime personnelle* en vous répétant constamment que vous êtes une personne merveilleuse, compatissante et attentionnée.
- *Entourez-vous de lumière blanche et d'une bulle de protection.*
- *Faites une activité physique.* Cela remplira trois fonctions : recharger votre aura, soulager votre anxiété et stimuler la sécrétion d'endorphines qui vous fourniront un surcroît de protection.
- *Écoutez attentivement votre intuition.*
- *Si cela fait partie de votre système de croyances, invoquez une puissance supérieure* et demandez-lui de l'aide. Vous voudrez peut-être faire appel à la Source de vie universelle, à votre ange gardien ou à votre guide spirituel. Le fait de prier et de demander à d'autres de prier pour vous est aussi une méthode défensive très efficace.
- *Évitez tout contact avec la personne ou les personnes que vous soupçonnez.*
- *Mangez sainement pour préserver vos forces.* Le fait d'avoir l'estomac plein ferme vos centres psychiques, ce qui vous fournit une protection efficace.
- *Évitez les boissons et les aliments sucrés.* Même dans les circonstances favorables, les boissons gazeuses ne sont pas bonnes pour vous, mais quand vous êtes victime d'une attaque psychique, elles sont particulièrement déconseillées. Ces aliments et ces boissons augmentent votre taux de glucose sanguin, ce qui crée un effet de montagnes russes avec des hauts (l'afflux de sucre dans le sang) et des bas. Les aliments sucrés peuvent paraître attirants

parce qu'ils procurent un bien-être temporaire, mais vous devez les éviter car ils font de vous une cible facile pour celui qui dirige une attaque psychique contre vous.

- *Buvez beaucoup d'eau*, et bénissez-la avant de la boire.
- *Riez le plus possible.* Au besoin, regardez des comédies et des sketches d'humoristes. Le rire stimule la sécrétion d'endorphines et induit une sensation de bien-être.
- *Passez le plus de temps possible avec ceux que vous aimez.* Évitez d'être seul durant de longues périodes.
- *Achetez de nouveaux vêtements.* Il est judicieux de le faire parce que vos vieux vêtements sont imprégnés de votre énergie. Si vous ne pouvez pas les remplacer, lavez-les ou apportez-les chez le teinturier. Vous devriez aussi raccommoder ce qui est endommagé. Remplacer un bouton, une fermeture à glissière ou une couture déchirée sont des actions qui contribueront à vous protéger.
- *Faites-vous plaisir.* Profitez d'un massage, visitez un musée, pratiquez un sport ou faites quelque chose que vous n'avez jamais fait, juste pour le plaisir.
- La majorité des attaques psychiques ont lieu la nuit. Par conséquent, *dormir dans une autre chambre que la vôtre* pendant une attaque prolongée est une bonne idée.

Les attaques verbales

Il y a plusieurs années, alors que j'exerçais comme hypnothérapeute, une dame a laissé un message sur mon répondeur disant qu'elle voulait prendre rendez-vous. Quand j'ai rappelé, un homme a répondu. Comme nombre de personnes consultent un hypnothérapeute pour des problèmes intimes, je ne pouvais pas lui révéler l'objet de mon retour d'appel. Par conséquent, j'ai indiqué mon nom à mon interlocuteur et demandé à parler à la dame. L'homme s'est mis à m'agonir d'injures. Il semblait croire que j'avais une liaison avec sa petite amie. Dans un langage plutôt cru, il m'a dit de ne pas réessayer de communiquer avec elle et il a raccroché. J'en suis resté bouche bée, mais par la suite, j'ai vu le côté humoristique de la situation. J'ai envoyé de la paix et de l'amour par télépathie à cet homme, car il en avait désespérément besoin. Il était évident qu'il était jaloux, méfiant et peu sûr de lui. Au fil des années, je me suis demandé combien de temps leur relation avait duré. Cette expérience montre bien que les attaques verbales peuvent se produire à tout moment, et souvent sans qu'il y ait eu de provocation.

L'attaque verbale est une forme d'attaque psychique, puisque la négativité vous cible personnellement. Ces agressions se produisent au moment où vous vous y attendez le moins et peuvent s'avérer dévastatrices, surtout lorsqu'elles sont le fait de quelqu'un que vous considérez comme un ami.

Elles peuvent prendre plusieurs formes : quelqu'un vous menace ou vous intimide ; un patron insensible vous rabroue devant vos collègues ; vous apprenez que les gens parlent de vous dans votre dos. La plupart des victimes d'abus verbal étouffent leurs émotions et souffrent en silence. Pourtant, il existe plusieurs choses à faire face à abus verbal :

- *Respirez lentement et profondément.* Cela envoie de l'oxygène au cerveau et aide à soulager la tension soudaine que l'agression provoque dans votre organisme.
- *Renforcez votre aura* à l'aide des techniques décrites dans le chapitre 6.
- *Après l'attaque, pratiquez une activité physique aussitôt que possible.* Un punching-ball pour s'entraîner serait idéal, mais une marche rapide est presque aussi efficace.
- *Une fois dans votre intimité, laissez libre cours à vos émotions :* criez, hurlez. Vous ne voulez pas donner à l'individu qui vous a agressé verbalement la satisfaction de constater combien vous êtes blessé, mais vous devriez certainement décharger votre bile le plus vite possible.
- *Faites en sorte de dormir suffisamment.* On a parfois des difficultés à trouver le sommeil quand on est victime d'une attaque. Faites les exercices de méditation du chapitre 11, au lit, et laissez-les vous entraîner dans le sommeil.
- *Nettoyez votre maison.* C'est une méthode efficace pour deux raisons : d'abord, il s'agit d'une activité physique ; puis, pendant que vous la faites, vous pouvez visualiser toute la négativité environnante qui se dissipe, jusqu'à ce qu'elle ait complètement disparu.

- *Après avoir nettoyé votre demeure, saupoudrez quelques grains de sel* dans les coins de chaque pièce. Si vous vivez dans un immeuble, dispersez quelques grains de sel à l'entrée de votre appartement ainsi que dans l'entrée principale du bâtiment. Si vous habitez une maison, versez du sel tout autour.
- Quand vous êtes prêt, et cela peut prendre un certain temps, *pardonnez à la personne qui vous a attaqué verbalement.* En pardonnant, vous vous réappropriez votre pouvoir personnel, et l'individu qui vous a agressé n'aura plus aucun effet sur vous.

Une nouvelle forme d'agression est devenue courante de nos jours : certains se cachent sous des noms d'emprunt dans les forums de discussion sur internet et attaquent les autres. Ces individus sont des pleutres qui n'ont pas le courage de vous dire en face ce qu'ils aiment publier sous un pseudonyme. J'éprouve de la pitié pour ceux qui ressentent le besoin d'agir de la sorte. Quoi qu'il en soit, leurs propos sont parfois blessants, et le meilleur remède consiste à suivre les recommandations pour la gestion de l'attaque verbale. N'essayez pas de vous défendre car cela ne ferait qu'encourager ces lâches à riposter. Il est beaucoup plus efficace de veiller activement à votre protection et de profiter de la compagnie de vos amis et de ceux qui vous sont chers.

Déterminer si vous êtes la cible d'une attaque psychique

Dans certains cas, l'attaque délibérée sera évidente. Tom, l'une de mes connaissances, a reçu le dessin d'un pentacle par la poste. Son nom était écrit autour du dessin et la feuille de papier avait été grossièrement déchirée en quatre. Il a immédiatement su qui lui avait envoyé ce dessin. Il avait annoncé un cours de médiumnité dans un journal local et cela avait irrité quelqu'un qui donnait déjà le même genre de cours. L'attaque a été malicieuse et prolongée ; elle a causé du tort aux deux personnes concernées, ainsi qu'à leurs familles et aux étudiants des deux professeurs. Le résultat n'a pas été plus satisfaisant. Le journal a refusé de publier leurs annonces de cours, et Tom a fini par déménager dans une autre ville. Des années plus tard, il m'a confié que s'il n'avait pas été protégé, il aurait fait une dépression nerveuse. J'ignore ce qui est arrivé à l'individu à l'origine de l'attaque. Il a cessé de donner des cours et je n'ai pas entendu parler de lui depuis des années.

Tom savait qu'il était victime d'une attaque, puisque le message reçu par la poste l'avait mis en garde.

De son côté, Dion Fortune (1890-1947), célèbre occultiste et auteure de plusieurs livres, dont *Psychic Self-Defense*, a raconté ses expériences à la suite d'une attaque psychique particulièrement violente. Tout a commencé par des sentiments de malaise qui « se sont graduellement transformés en un net sentiment de menace et d'antagonisme »[4]. À ce stade, elle savait que quelqu'un l'attaquait psychiquement, mais elle n'avait aucune idée de l'identité de la personne, jusqu'à ce qu'elle reçoive une lettre d'une femme qu'elle considérait comme une amie. Cette « amie » avait été vexée par un article que Dion avait publié dans le magazine *Occult Review*, et elle promettait de nouvelles attaques si d'autres articles continuaient à paraître. Dion Fortune n'a pas mentionné le nom de cette « amie » dans son livre, mais dans un article publié en janvier 1933 dans l'*Occult Review*, elle l'a clairement identifiée comme étant Moina Mathers, la veuve de Samuel Liddell « MacGregor » Mathers, l'un des fondateurs de l'Ordre hermétique de l'Aube dorée à l'extérieur (*The Hermetic Order of the Golden Dawn in the Outer*)[5].

Tom et Dion Fortune ont tous deux reçu une lettre les informant qu'ils étaient attaqués. Mais la plupart du temps, l'affaire n'est pas aussi évidente. Heureusement, il existe des moyens de savoir si vous êtes victime ou non d'une attaque psychique.

Le signe le plus fréquent est le « syndrome de la vieille sorcière ». La victime se réveille avec un poids étouffant sur la poitrine. Par ailleurs, elle est temporairement paralysée. Elle voit parfois des formes fantomatiques, sent des odeurs déplaisantes et entend des bruits étranges.

Le « syndrome de la vieille sorcière » a été documenté au fil du temps. À une époque aussi éloignée que le IIe siècle de notre ère, Galien, médecin grec, disait qu'il était causé par l'indigestion. Il y a quelques siècles, on accusait la sorcellerie. On a aussi mis en cause la répression sexuelle et les problèmes de sommeil, mais à ce jour, il n'existe aucune explication définitive du phénomène.

D'autres indications courantes de l'attaque psychique sont l'épuisement nerveux, induit par des sentiments d'effroi, de désespoir et de peur, ainsi qu'une perte de poids soudaine et sans raison. On dit aussi que la perte d'appétit, les nausées, les cauchemars, les hématomes et les blessures corporelles inexpliquées, ainsi que les esprits frappeurs, sont des symptômes d'une attaque psychique.

Dans la plupart de ces cas de figure, la victime finit par se rendre compte progressivement qu'elle est attaquée. Si vous soupçonnez que c'est votre cas, vous pouvez vous servir d'un pendule pour en avoir le cœur net.

L'utilisation d'un pendule

Un pendule est simplement un petit poids attaché à une chaîne, une cordelette ou un fil. Vous pouvez en improviser un en suspendant une bague ou un trombone à un fil. Sinon, on se procure facilement des pendules dans les boutiques New Age. Il existe une grande variété de modèles et de tailles. Ils sont faits à partir de toutes sortes de matériaux, comme le bois, le métal, le cristal, le plastique. Choisissez une forme symétrique, qui donne un bon équilibre et rend le pendule plus sensible et plus facile d'utilisation.

Une fois que vous aurez votre pendule, il faudra vous exercer tout seul, de préférence, à moins que vous ne fassiez l'expérience avec des gens qui partagent les mêmes intérêts que vous. Si vous êtes assis, posez votre coude sur une table et tenez le pendule entre votre pouce et votre index. Votre coude devrait être la seule partie de votre corps en contact avec la table. Veillez à ce que ni votre ventre ni votre autre main ne touchent la table. La paume de votre main doit être tournée vers le sol et le pendule doit pendre à une trentaine de centimètres devant vous. Si vous êtes debout, la meilleure position consiste à former un angle de 90 degrés avec le coude, de façon que votre avant-bras soit parallèle au sol.

Balancez doucement le pendule pour vous familiariser avec ses mouvements. Laissez-le osciller dans différentes directions et en cercle.

Exercez-vous en tenant le pendule d'une main, puis de l'autre. La majorité des gens préfèrent se servir de leur main dominante, mais certains obtiennent de meilleurs résultats avec l'autre main. Expérimentez aussi différentes hauteurs de fil, pour voir si le pendule réagit davantage avec un fil long ou plus court. Beaucoup constatent que la meilleure longueur se situe entre 12 et 15 cm, mais encore une fois, chacun est différent et vous trouverez peut-être qu'un fil plus court ou plus long vous convient mieux.

Une fois que vous avez appris à connaître votre pendule, immobilisez le poids à l'aide de votre main libre. Lorsque le pendule est stabilisé, demandez-lui quel mouvement indiquera une réponse positive, un oui. Si vous débutez, il se peut que la réponse tarde à venir, et le mouvement risque d'être peu perceptible. Soyez patient. Continuez à penser oui, et il finira par se mettre à bouger. Je n'ai encore rencontré personne qui n'ait pu parvenir à se servir d'un pendule ; ne vous inquiétez donc pas s'il ne bouge pas au premier essai. Exercez-vous pendant cinq minutes, puis rangez-le et réessayez plus tard.

Le pendule peut bouger dans plusieurs directions : d'un côté à l'autre, de l'avant vers l'arrière et en cercles, tant dans le sens des aiguilles d'une montre que dans le sens inverse. Lorsqu'il vous a révélé le mouvement qui signifie « oui », demandez-lui de vous indiquer le non, c'est-à-dire une réponse négative. Ensuite, faites la même chose pour « je ne sais pas » et « je ne veux pas répondre ».

Notez ces réponses par écrit. Elles resteront probablement les mêmes toute votre vie. Néanmoins, vous devriez vérifier de temps à autre. Beaucoup constatent que les réponses changent, en particulier s'ils ne se sont pas servis de leur pendule durant un bon moment.

Maintenant que vous connaissez votre pendule, vous pouvez lui poser toutes les questions que vous voulez. Commencez par celles dont vous connaissez la réponse. Vous pourriez demander, par exemple, « Suis-je une femme ? » Si c'est le cas, le pendule devrait répondre oui. Évidemment, la réponse sera négative si vous êtes un homme. Continuez de poser des questions pour vous habituer à l'instrument. Avec de la pratique, vous constaterez que votre pendule répond sur-le-champ à n'importe quelle demande. Vous découvrirez également qu'il importe peu que vous posiez vos questions en silence ou à haute voix.

Une fois que le pendule a montré son exactitude en répondant aux questions dont vous connaissiez la réponse, il est temps de l'interroger sur les sujets qui vous tiennent à cœur. Si le pendule est capable de vous répondre, c'est parce qu'il obtient les réponses de votre subconscient et les transmet à votre conscient.

Il est important de se souvenir que c'est un outil précieux qui ne devrait pas être utilisé de façon désinvolte. Posez-lui des questions sérieuses, et vous obtiendrez des réponses justes et honnêtes. Il y a toutefois une exception : si votre demande présente un important enjeu émotionnel pour vous, le pendule est susceptible de vous donner la réponse que vous désirez entendre. Cela s'explique par le fait que votre désir outrepassera systématiquement la réaction naturelle du pendule.

Si une femme enceinte demande si son bébé à naître est un garçon et qu'elle n'a sincèrement aucune préférence, le pendule répondra correctement. En revanche, si elle désire secrètement avoir un garçon, le pendule lui confirmera que c'est le cas, même si l'enfant à naître est une fille. Il répondra à son désir au lieu de lui donner la vraie réponse.

Vous devez donc en tenir compte si vous posez des questions à propos d'une possible attaque psychique. Vous serez probablement anxieux et méfiant. Vous penserez peut-être que vous connaissez l'auteur de l'attaque, et votre pendule vous le confirmera parce qu'il réagira à vos soupçons.

C'est pourquoi vous devrez demander à quelqu'un qui n'est pas impliqué émotionnellement de poser les questions au pendule pour vous. Il faut que ce soit une personne en qui vous avez toute confiance. Bien entendu, elle doit aussi savoir se servir d'un pendule, mais l'idéal serait qu'elle ne sache rien, ou presque rien, de votre histoire d'attaques psychiques.

Notez vos questions sur un papier et quittez les lieux. Aller faire une petite marche ou autre chose pour vous distraire, tandis que la personne interroge le pendule pour vous. Acceptez les réponses qu'il fournit, même si ce ne sont pas celles que vous vouliez ou que vous attendiez.

Il y a plusieurs années, j'ai connu une jeune femme qui était persuadée qu'elle était victime d'une attaque psychique. Elle était furieuse quand le pendule lui a dit que ce n'était pas le cas, et elle a brisé une belle amitié en accusant une amie de l'attaquer. Celle-ci était innocente, comme le pendule l'avait révélé. Or, la jeune femme qui se pensait victime était surchargée de travail et subissait beaucoup de stress dans un emploi qu'elle détestait. Elle croyait que ses sentiments et son état émotionnel provenaient d'une attaque psychique alors qu'en fait, ils étaient induits par son travail. Vous devez accepter les réponses que donne le pendule, sans poser et reposer constamment les mêmes questions dans l'espoir d'obtenir une réponse différente.

Exercice pour éliminer une charge inutile

Nous avons tendance à porter en nous une quantité importante de fardeaux, de stress, de sentiments et de souvenirs indésirables, et tout cela limite notre existence de multiples manières. L'exercice suivant vous permettra d'éliminer de votre vie toute surcharge indésirable. Il s'avère également efficace pour éloigner les personnes néfastes de votre vie. Si vous connaissez l'identité de l'individu qui vous attaque psychiquement, vous pouvez faire cet exercice : il lui enlèvera tout pouvoir. Cependant, il y a une exception : cet exercice d'élimination des charges inutiles ne s'applique pas aux membres de votre famille ; ils exercent une influence karmique sur vous et les leçons qu'ils vous aident à apprendre sont indispensables à votre développement.

Vous devriez éliminer votre fardeau inutile régulièrement car chacun accumule des charges, inconsciemment, en vaquant à ses occupations quotidiennes. Je fais souvent cet exercice au lit le soir.

- *Prenez trois respirations lentes et profondes et laissez votre corps se détendre.* J'utilise habituellement la méditation guidée du chapitre 11 (voir page 203) pour atteindre le niveau de relaxation souhaité.

- *Une fois que vous êtes détendu, éloignez votre conscience de votre corps, de façon à vous « voir » paisiblement allongé dans votre lit.* Si vous avez des difficultés à visualiser la scène, imaginez simplement ce dont vous avez l'air, allongé dans votre lit.
- *Imaginez que votre corps physique se transforme en une grosse pelote de laine.* Vous pouvez voir différents brins de laine qui s'échappent dans plusieurs directions. Chaque brin est associé à un poids, à un fardeau que vous portez.
- *Visualisez une énorme paire de ciseaux et imaginez que vous coupez tous les brins de laine* flottants jusqu'à ce que la pelote soit ronde et lisse. Vous serez peut-être en mesure de reconnaître le brin qui vous relie à la personne qui s'en prend à vous psychiquement. Dans ce cas, vous aurez un immense plaisir à le couper et à vous libérer. Si vous ne parvenez pas à discerner le brin en question, c'est sans importance. En coupant le fardeau inutile, vous vous libérerez automatiquement de votre agresseur, peu importe son identité.
- *Veillez à bien couper chaque brin qui dépasse.* Laissez-vous ensuite reprendre votre forme habituelle.
- *Si vous faites cet exercice au lit le soir, vous aurez une nuit de sommeil particulièrement reposante,* car vous serez affranchi de tous les problèmes que vous avez chassés. Vous n'avez plus aucune raison de vous en soucier à partir de maintenant.
- *Si vous faites cet exercice le jour, reprenez conscience de ce qui vous entoure.* Faites trois respirations lentes

et profondes, et rouvrez les yeux. Ne bougez pas durant environ une minute, puis levez-vous et retournez à vos occupations.

N'oubliez pas que l'attaque psychique délibérée est rare. Si vous faites l'effort de vivre une existence juste et de bien vous entendre avec vos semblables, vous ne courez aucun risque d'être victime de ce genre d'attaque.

Il est maintenant temps d'apprendre à utiliser les forces de la magie pour obtenir une protection psychique globale et complète.

CHAPITRE 13

MAGIE PROTECTRICE

Selon l'occultiste et écrivain Aleister Crowley (1875-1947), la magie est « la science ou l'art de faire en sorte qu'un changement se produise en conformité avec la volonté ». Autrement dit, la magie est l'art de manipuler l'énergie. Vous l'avez pratiqué bien des fois, même si vous ne l'avez peut-être pas qualifié de magie. Chaque fois que vous vous fixez un objectif, que vous le poursuivez et l'atteignez, vous « faites en sorte qu'un changement se produise en conformité avec la volonté ». Cela signifie que vous avez la capacité de créer ce que vous voulez grâce au pouvoir de votre esprit. Par conséquent, peu importe ce que vous exigez de l'Univers, il vous le fournira. C'est un exemple de la loi de la causalité.

Il n'y a là rien de surnaturel. Tout le monde sur cette planète possède d'énormes réserves de pouvoir personnel. Le seul problème est que la majorité des gens n'arrivent pas à le reconnaître. Ceux qui réussissent sont ceux qui utilisent consciemment leur pouvoir personnel.

La magie est extrêmement puissante et elle peut agir tant à des fins bénéfiques que maléfiques. Si vous avez l'intention d'utiliser la magie, vous devez être absolument certain que votre intention ne causera de mal à personne, car ce que vous envoyez dans l'Univers vous reviendra multiplié par trois. Si vous émettez de bons vœux, vous recevrez en retour trois fois leur somme. Bien entendu, si vous envoyez des souhaits malveillants, vous recevrez aussi en retour le triple de leur somme.

Les adeptes de la Wicca donnent à la magie protectrice le nom de « conjuration », qui vient de l'expression « conjurer le mal ». Ils la pratiquent pour repousser le mauvais œil et les maladies, mais aussi pour se protéger, eux et les êtres qu'ils chérissent, ainsi que leur demeure. Ils ne sont pas les seuls à utiliser la conjuration comme rite de protection. La pratique catholique romaine du signe de la croix et le feng shui, qui utilise des miroirs pour repousser le mal potentiel, relèvent aussi de la conjuration.

Les églises et les cimetières sont consacrés afin de conférer une protection, ce qui constitue là encore un exemple de magie protectrice. Les bornes ou clôtures d'une propriété sont un moyen utile de déterminer leurs limites, mais il se peut qu'à l'origine, elles aient servi à protéger le bien immobilier du propriétaire. Enfin, la pratique de plus en plus populaire qui consiste à purifier une pièce, une demeure ou une propriété par fumigation est une autre forme de magie protectrice.

En un sens, vous pratiquez la magie chaque fois que vous utilisez une forme de protection psychique, par exemple en portant une amulette ou une pierre.

La majorité des gens associent la magie aux sortilèges. Lorsque j'avais 10 ou 11 ans, je me rappelle très clairement avoir observé nos nouveaux voisins faisant trois fois le tour de leur maison dans le sens des aiguilles d'une montre, alors que la femme tenait un œuf dans ses mains tendues. Ils ont terminé en enfouissant l'œuf dans le jardin de devant. Je mourais d'envie de leur demander ce qu'ils faisaient, mais mes parents me l'avaient interdit. Bien entendu, je sais maintenant qu'ils célébraient un rituel pour protéger leur nouvelle maison.

Les œufs servent depuis très longtemps à absorber l'énergie négative. Il y a des années, j'ai connu une femme qui se frictionnait régulièrement le corps avec un œuf cru car elle croyait qu'il absorbait la négativité qu'elle avait attirée au cours de la journée. Quand je vivais à Cornwall, en Angleterre, j'ai rencontré une dame qui laissait un œuf sur sa table de nuit durant une semaine. Tous les samedis matin, elle prenait l'œuf et elle l'enterrait dans son jardin. Elle le remplaçait ensuite par un autre œuf. Il est important de prendre quelques précautions avec les œufs qui ont absorbé la négativité, et il ne faut jamais les manger. Même si j'ai été témoin que l'on utilisait diversement les œufs pour absorber la négativité, je ne m'en suis jamais servi à des fins de protection.

Vous pouvez faire appel à la magie protectrice chaque fois que vous en ressentez le besoin. Dans le sud de la France, j'ai rencontré une femme qui m'a confié qu'elle pratiquait la magie chaque fois qu'elle se sentait mal à l'aise ou angoissée. Le rituel qu'elle m'a transmis, et que je partage ci-dessous avec vous, est simple et peut s'adapter à n'importe quel dessein.

Rituel de protection magique

Vous aurez besoin de travailler dans un espace sacré et protégé. La tradition parle d'un cercle magique. Vous voudrez peut-être en délimiter la circonférence à l'aide d'une cordelette, à moins que vous ne préfériez utiliser de petits objets, comme des pierres ou des cristaux[1]. Vous pouvez aussi imaginer un cercle. Pour ma part, j'ai un grand tapis circulaire qui convient bien à la tâche.

Les cercles magiques avaient traditionnellement un diamètre de 2,75 m ; on les mesurait à l'aide d'une cordelette cérémonielle de 140 cm. Cela étant, que votre cercle soit plus grand ou plus petit est sans importance. Si vous habitez une petite maison ou un petit appartement, votre cercle magique aura probablement un diamètre inférieur à 2,75 m.

Chaque fois que c'est possible, je célèbre mes rituels en plein air. Je vis sous un climat tempéré et je peux travailler dehors une bonne partie de l'année, tant qu'il ne pleut pas et que le vent ne souffle pas trop fort.

Vous aurez besoin d'un autel, qui vous servira de plan de travail à l'intérieur de votre cercle. Vous pouvez choisir une petite table si vous n'avez rien d'autre. Il vous faudra aussi un petit cristal, cinq bougies blanches, un petit bol d'eau et un bol de sel.

Si vous désirez charger un objet que vous avez l'intention d'utiliser comme amulette de protection, posez-le sur votre autel. Disposez l'une des bougies à l'est de votre cercle magique, une autre au sud, une à l'ouest et une quatrième au nord. Si l'espace est restreint, vous pouvez disposer les bougies dans la même position sur votre autel. Placez la cinquième bougie au centre de l'autel, avec les bols d'eau et de sel placés devant elle ou de chaque côté. Si vous le souhaitez, vous pouvez ajouter des éléments décoratifs : d'autres chandelles, un bol de fleurs fraîches, un beau bibelot ou des photos des personnes que vous avez l'intention de protéger... Disposez ces objets en demi-cercle sur votre autel, derrière la cinquième bougie.

Commencez par prendre un long bain ou une douche. Vous voudrez peut-être ajouter un peu de sel à l'eau du bain pour entamer le processus de protection avant que le rituel débute. Tout en vous relaxant dans l'eau chaude, pensez à l'intention qui vous incite à célébrer ce rituel et à ce que vous voulez accomplir en le pratiquant. Quand vous sortez du bain, séchez-vous vigoureusement et portez des vêtements propres et amples.

Placez-vous debout, à l'extérieur de votre cercle magique, fermez les yeux et prenez trois respirations lentes et profondes. Imaginez que vous êtes au cœur d'une lumière protectrice et curative. Ouvrez les yeux et entrez dans le centre de votre cercle. Tournez-vous vers l'est et saluez la bougie en vous inclinant légèrement. Faites de même en vous tournant vers le sud, l'ouest et le nord.

Allumez la bougie à l'est et levez-la à hauteur de votre poitrine. Dites : « Je remercie l'élément air de bénir mon cercle sacré d'amitié, d'amour et de protection. Je te prie de me protéger tous les jours, partout où je vais, dans tout ce que je fais. » Replacez la bougie et tournez-vous vers le sud.

Allumez la bougie au sud et levez-la à hauteur de votre poitrine. Dites : « Je remercie l'élément feu de bénir mon cercle sacré d'amitié, d'amour et de protection. Je te prie de me protéger tous les jours, partout où je vais, dans tout ce que je fais. » Replacez la bougie et tournez-vous vers l'ouest.

Allumez la bougie à l'ouest et levez-la à hauteur de votre poitrine. Dites : « Je remercie l'élément eau de bénir mon cercle sacré d'amitié, d'amour et de protection. Je te prie de me protéger tous les jours, partout où je vais, dans tout ce que je fais. » Replacez la bougie et tournez-vous vers le nord.

Allumez la bougie au nord et levez-la à hauteur de votre poitrine. Dites : « Je remercie l'élément terre de bénir mon cercle sacré d'amitié, d'amour et de protection. Je te prie de me protéger tous les jours, partout où je vais, dans tout ce que je fais. » Replacez la bougie et allumez celle qui se trouve au centre de votre autel.

Jetez trois pincées de sel dans le bol d'eau et ouvrez largement les bras. Levez-les lentement et visualisez une lumière pure et blanche qui pénètre dans les doigts de vos deux mains et qui se répand dans tout votre corps. Quand vous avez le sentiment que la lumière blanche a atteint toutes les cellules de votre corps, remerciez à voix haute et baissez les bras.

Plongez l'index de votre main dominante dans le bol d'eau et prononcez ce qui suit à voix haute :

« Eau et sel, protégez-moi, je vous en prie
Écartez de moi tout mal et toute maladie
Protégez ma demeure et ceux que j'aime
Protégez mes amis, tant les nouveaux que les anciens
Détournez toute négativité dirigée vers moi
Si cela ne cause aucun tort, que cela soit. »

Si vous célébrez ce rituel pour obtenir une protection globale, vous pouvez le conclure en remerciant les quatre éléments et en éteignant les bougies. Si vous avez besoin d'être protégé pour une raison précise, faites votre demande quand votre doigt est dans le bol d'eau. Peu importe cette raison, elle doit seulement avoir de l'importance pour vous.

L'une de mes amies a vécu des moments éprouvants quand un homme avec qui elle avait eu une brève liaison s'est mis à la traquer. Elle a pratiqué ce rituel tous les jours jusqu'à ce qu'il abandonne et renonce à la suivre.

Si vous utilisez ce rituel pour charger une amulette, vous pouvez, à cette étape, la plonger dans l'eau ou l'asperger de quelques gouttes.

Élevez l'amulette à bout de bras pendant plusieurs secondes avant de la nouer autour de votre cou ou de la mettre dans votre poche. Elle est maintenant prête à vous servir et à vous protéger.

Restez encore quelques minutes devant votre autel et repensez au rituel que vous venez de célébrer. Quand vous êtes prêt, tournez-vous vers l'est et reprenez la bougie. En la tenant à hauteur de votre poitrine, dites : « Merci élément air de me protéger dans tous les domaines de ma vie. Nous sommes vraiment reconnaissants, moi et les êtres qui me sont chers. » Déposez la bougie et éteignez-la avec vos doigts ou à l'aide d'un éteignoir.

Faites de même au sud, à l'ouest et au nord, en remerciant les éléments feu, eau et terre. Pour finir, revenez à votre autel. Prenez la bougie restante et faites le tour du périmètre intérieur de votre cercle. Replacez-la sur l'autel et dites : « Je remercie les puissances de l'Univers de m'accorder ma requête. Ce rituel est accompli et le cercle est fermé. Qu'il en soit ainsi. »

Éteignez la bougie avec vos doigts ou à l'aide d'un éteignoir, puis sortez du cercle. Le rituel est terminé, mais il vous reste une dernière tâche à accomplir : ancrez-vous en mangeant ou en buvant quelque chose ; vous préférerez peut-être taper des pieds sur le sol ou sortir pour aller toucher de la terre.

Attendez au moins dix minutes avant de retirer le bol d'eau salée de votre autel. Allez jusqu'à l'entrée de votre demeure et aspergez l'encadrement de la porte d'eau salée. Aspergez également le cadre des fenêtres et le pourtour des murs extérieurs. Si vous avez un jardin, vous pouvez aussi en arroser le contour. Enfin, n'oubliez pas d'humecter votre boîte aux lettres.

Répétez le rituel chaque fois que vous ressentez de l'angoisse, de l'inquiétude, de l'épuisement ou un besoin de protection. Les paroles que j'ai employées dans ce rituel sont de mon cru ; libre à vous de les utiliser ou de créer les vôtres.

Vous pouvez également embellir le rituel. Si vous êtes chrétien, par exemple, vous pourriez réciter une prière au début et à la fin de vos rituels. Si vous pratiquez la Wicca, vous voudrez peut-être utiliser votre athamé (baguette) pour tracer un pentagramme d'invocation dans chaque coin avant de poursuivre en invoquant la Lune. Les parents de l'un de mes amis sont athées, ce qui fait qu'il a grandi sans références spirituelles. Il n'en a pas moins mis au point un rituel extrêmement prosaïque et objectif qui lui donne de bons résultats. Après tout, l'aspect le plus important de ce rituel, comme de tout autre, est l'intention qui le gouverne.

Vous pouvez aussi visualiser tout le rituel, si vous avez besoin d'y recourir sans délai ; il sera tout aussi efficace. Cette façon de procéder doit cependant être réservée aux situations d'urgence.

Rituel du nœud de bannissement

La magie des nœuds a bien des fonctions, y compris celle de repousser une attaque psychique. Si vous connaissez votre assaillant, vous pouvez « l'attacher » en faisant une série de nœuds dans un morceau de corde que vous enfouirez dans le sol durant trois jours. Passé ce délai, vous pourrez défaire les nœuds et détruire la corde.

Les nœuds sont faits à des endroits précis. La longueur de la corde devrait être comprise entre 90 cm et 2,75 m. Marquez l'une des extrémités d'un repère, car il vous faudra défaire les nœuds en prenant l'ordre dans lequel vous les avez formés.

En faisant les nœuds, pensez à la personne qui vous attaque psychiquement. Affirmez dans votre for intérieur que vous n'accepterez plus aucune de ses pensées ou de ses actions malveillantes et qu'en nouant ces nœuds, vous l'attachez pour l'empêcher de vous attaquer de nouveau. Pensez au résultat que vous voulez obtenir et fixez votre attention sur cet objectif en serrant chaque nœud.

Vous aurez besoin de former neuf nœuds dans le morceau de corde. Commencez par un nœud à chaque bout. Le troisième nœud est fait au centre. Le quatrième est à mi-chemin entre le nœud de gauche et le nœud du centre. Le cinquième est à mi-chemin entre le nœud de droite et le nœud du centre. Le sixième est à mi-chemin entre le nœud à l'extrémité gauche de la corde et le nœud suivant. Le septième est à mi-chemin entre le nœud à l'extrémité droite de la corde et le nœud suivant. Le huitième est à mi-chemin entre le nœud du centre et le nœud suivant à sa gauche. Le neuvième et dernier nœud est à mi-chemin entre le nœud du centre et le nœud suivant à droite.

Une fois cette opération terminée, sortez avec la corde et enfouissez-la dans le sol durant trois jours. La personne qui vous attaque psychiquement est maintenant impuissante car vous l'avez solidement attachée avec neuf nœuds. Vous démontrez ce que vous pensez de sa malveillance en enterrant la corde durant trois jours.

Déterrez la corde à l'heure à laquelle vous l'avez enterrée trois jours plus tôt. Défaites chaque nœud dans l'ordre où vous les avez faits, en disant à voix haute : « [Nom de la personne], tu as perdu ton pouvoir sur moi ! » Vous aurez peut-être envie de cracher après avoir prononcé ces paroles, pour souligner votre mépris absolu pour votre agresseur. En tout cas, prononcez cette phrase avec le plus d'intensité possible, puis répétez-la de plus en plus fort. En libérant le dernier nœud, vous devriez hurler ces paroles.

Il faut ensuite détruire la corde, puisque la puissance de la malédiction (l'attaque psychique) y a été transférée. Faites un petit rituel et brûlez-la ; souvenez-vous ce faisant que vous démontrez que votre magie est plus puissante que celle de votre agresseur.

Rituel aux bougies pour se protéger d'une personne

Pratiquez ce rituel uniquement quand vous avez besoin de vous protéger d'une personne en particulier.

Vous aurez besoin de sept bougies colorées pour représenter les couleurs de l'arc-en-ciel et celles des chakras, ainsi que d'une grosse bougie blanche pour vous symboliser et d'une petite de la couleur de votre choix pour figurer la personne dont vous souhaitez vous protéger.

Placez les bougies déclinant les couleurs de l'arc-en-ciel en rang, d'un côté à l'autre de votre autel, en commençant par la rouge à votre gauche quand vous faites face à l'autel et en terminant par la violette à votre droite. Puis, installez la blanche, qui vous représente, au centre de votre autel, et la dernière sur le côté, devant la vôtre.

Allumez les sept bougies colorées, en commençant par la rouge. Faites une pause après l'avoir allumée et demandez que votre chakra racine soit protégé. J'aime visualiser une sphère d'énergie rouge qui tourbillonne dans cette partie de mon corps. Faites de même avec les six autres bougies, en demandant tour à tour que vos chakras soient protégés et en visualisant l'énergie tourbillonnante dans votre corps. Une fois que vous avez terminé, allumez la bougie qui vous représente.

Asseyez-vous devant votre autel pendant quelques minutes, en vous visualisant entouré d'une divine lumière blanche. Quand vous êtes prêt, prenez la bougie posée sur le côté. Elle représente la personne dont vous voulez vous protéger.

Allumez-la avec la flamme de la rouge. Regardez-la pendant quelques secondes, puis dites : « Le rouge en toi a perdu tout son pouvoir. » Éteignez ensuite la bougie en soufflant sur la flamme de la façon la plus méprisante possible. Rallumez la bougie, cette fois avec la flamme de la bougie orange. Comme précédemment, regardez-la pendant quelques secondes avant de dire : « L'orangé en toi a perdu tout son pouvoir. » Soufflez sur la flamme de façon encore plus méprisante qu'auparavant. Faites de même avec toutes les couleurs du spectre.

Quand vous avez terminé, tenez la bougie devant vous et parlez-lui. Après lui avoir dit ce que vous aviez à lui dire, concluez en disant : « Tu as perdu tout pouvoir sur moi. Je suis fort et divinement protégé. Tu es faible, insignifiant et sans importance. Tu n'auras plus jamais aucun pouvoir sur moi, jamais. »

Vous voudrez peut-être terminer le rituel en brisant la bougie en deux et en déposant chaque moitié à des endroits différents. Si la personne vous a beaucoup nui, et ce, depuis longtemps, vous pourriez répéter ce rituel tous les jours, jusqu'à ce que la bougie qui la représente soit entièrement consumée. Une autre façon efficace d'utiliser cette bougie consiste à en faire brûler les restes dehors, sous la pleine Lune. Cela indique que la personne cesse d'exister à vos yeux et qu'elle ne pourra plus avoir aucune influence sur vous.

Fabriquer une bouteille de sorcière

Les bouteilles de sorcière étaient une forme de protection magique très populaire aux XVIIe et XVIIIe siècles, surtout au Royaume-Uni ; les archéologues en ont retrouvé de nombreuses datant de cette époque. Elles étaient habituellement fabriquées à partir de cruches de grès venues de Rhénanie, dites « cruches *bellarmines* ». Le cardinal Bellarmino (1542-1621) était un prêtre catholique très influent. Ses contemporains protestants avaient essayé de le ridiculiser en caricaturant son visage sur les bouteilles et les pichets de vin et de bière. Plutôt que de saper son influence, ces « bellarmines », comme on les appelait, contribuèrent à consolider sa réputation. Lorsque les pichets *bellarmines* disparurent du marché anglais, on les remplaça par des bouteilles en verre.

En octobre 2000, on a découvert sous une maison de Reigate, en Angleterre, une bouteille de sorcière intacte datant de 1720. Lorsque deux professeurs de l'Université de Loughborough en ont examiné le contenu, ils ont trouvé neuf épingles de cuivre, des vêtements, des cheveux humains et des poils animaux, une patte d'insecte, un brin d'herbe et de l'urine humaine[2].

En 1930, une bouteille au bouchon piqué d'épingles a été dénichée dans la cheminée d'une maison de ferme de Winterbourne Kingston, dans le Dorset. La bouteille était pleine de liquide, peut-être de l'urine. Hélas, elle a été brisée accidentellement et dès lors, la maisonnée a perdu sa protection et vu s'abattre sur elle une série de malheurs[3].

En 2004, on a découvert à Greenwich, au sud de Londres, la première bouteille de sorcière absolument intacte. Avant son ouverture, la bouteille a été étudiée par radiographie et tomodensitométrie et on a prélevé une partie du liquide qu'elle contenait à l'aide d'une seringue plantée au travers du bouchon de liège. Les analyses du docteur Alan Massey, un enseignant à la retraite de l'Université Loughborough, ont révélé que le liquide était de l'urine vieille de trois cents ans. Elle contenait des traces de nicotine, prouvant ainsi qu'elle venait d'un fumeur. Quand la bouteille émaillée au sel a été ouverte, les scientifiques en ont retiré un petit morceau de cuir en forme de cœur, percé d'un clou en fer ; huit épingles en laiton ; une poignée de clous en fer pliés en deux ; une mèche de cheveux ; dix rognures d'ongles ; des traces de soufre et un peu de mousse de nombril. Le docteur Massey a examiné les rognures d'ongles au microscope et a déclaré ceci : « D'après leur taille, elles provenaient vraisemblablement d'un sujet masculin et comme elles étaient bien manucurées, il était donc d'une classe sociale élevée. Il se peut que nous puissions un jour l'identifier grâce à l'analyse de son ADN et à l'emplacement de la découverte. » Selon le docteur Massey, la bouteille aurait été confectionnée entre 1675 et 1700[4].

Une bouteille de sorcière est un récipient en verre ou en poterie contenant des objets pointus, tels que des épingles, des aiguilles, des clous, des vis et du verre brisé. Les éclats de miroir sont particulièrement puissants. La personne qui confectionne la bouteille ajoute une petite quantité de son urine dans le récipient et le scelle avant de l'enterrer. On ajoute parfois d'autres éléments – salive, pierres, sel et herbes – pour accroître les vertus protectrices de la bouteille. Celle-ci est habituellement ensevelie près de la porte principale de la maison, mais on peut aussi l'enfouir à l'extérieur de la propriété si on le souhaite.

Les bouteilles de sorcière assurent une protection et éloignent toute forme de négativité. Elles absorbent et neutralisent la négativité dirigée contre la demeure ou ses occupants.

Elles sont par ailleurs faciles à fabriquer. La première étape consiste à trouver un contenant convenable, pot ou bouteille en verre. Les bouteilles ambre ou vertes sont parfaites, mais un récipient de verre incolore fera aussi bien l'affaire. Rassemblez un assortiment d'objets pointus. Concentrez-vous sur votre besoin de protection tout en remplissant le contenant. Ajoutez un peu d'urine et scellez le récipient. Si vous ne voulez pas utiliser votre urine, employez du vinaigre.

Faites une petite cérémonie pour enfouir la bouteille. Vous devriez l'enterrer près de la porte d'entrée, dans un endroit où elle ne risque pas qu'on la dérange. En la couvrant de terre, remerciez-la de vous protéger. Votre demeure sera protégée tant que la bouteille restera intacte.

CONCLUSION

Il est naturel de vouloir vous protéger ainsi que les êtres que vous chérissez et les biens que vous possédez. Comme vous le savez maintenant, vous pouvez le faire de différentes manières.

Tout commence néanmoins dans votre tête. Vos pensées dictent vos actions et, en matière de protection psychique, avoir des pensées positives à l'égard de vous-même est la première mesure essentielle à prendre.

La deuxième mesure essentielle consiste à soigner votre aura et à vous assurer qu'elle reste solide en toutes circonstances. Nous avons tous un emploi du temps chargé, et il est facile de négliger notre protection personnelle. Or, avoir une aura solide joue un rôle vital dans tous les domaines de notre vie ; vous avez donc tout intérêt à lui consacrer chaque jour quelques minutes pour la soigner et la nourrir.

Soyez bon envers vous-même. Nous faisons tous des erreurs au cours de notre vie. Nous avons tous des regrets. Pardonnez-vous quand vous commettez une erreur. Tirez-en une leçon et passez à autre chose.

Faites en sorte de vous réserver un peu de temps quotidiennement pour vous détendre. Méditez. Communiquez avec le Divin. Mangez des aliments sains, faites de l'exercice, consacrez du temps à votre famille et à vos amis, riez souvent, dormez suffisamment, et veillez à maintenir cet équilibre.

Basez votre vie sur des principes positifs : pardon, honnêteté, amour, loyauté et responsabilité. Cultivez la foi, en vous et en une puissance supérieure.

Attendez-vous à ce que de bonnes choses se produisent. Au bout du compte, nous recevons tous ce que nous espérons obtenir. Dans les faits, vous êtes aussi chanceux que vous le croyez. Attendez-vous à vivre de bonnes choses, et c'est ce qui vous arrivera.

On a besoin de protection psychique, surtout quand on se sent vulnérable. Si vous choisissez d'être optimiste et de vous concentrer sur ce qu'il y a de positif dans votre vie, vous serez protégé de la plupart des attaques psychiques. Si néanmoins il vous arrivait d'en être victime, le contenu de ce livre vous permettra de réussir à la vaincre.

Maintenant que vous êtes pleinement armé et protégé, je vous souhaite beaucoup de succès et de bonheur.

NOTES

Chapitre 1

1. MARINGER, Johannes *The Gods of Pre-Historic Man*, Londres, Weidenfeld & Nicolson Limited, 1960, p. 140, 170.

2. ANDREWS, Carol. *Amulets of Ancient Egypt*, Londres, British Museum Press, 1994, p. 6-7.

3. CHARLES-PICARD, Gilbert et Colette. *La vie quotidienne à Carthage au temps d'Hannibal*, Paris, Hachette, 1958.

4. BUDGE, E. A. Wallis. *Amulets and Superstitions*, Oxford, Oxford University Press, 1930, p. 27.

5. THOMPSON, Charles J. S. *Amulets, Talismans and Charms*, Edmonds (WA), Holmes Publishing Group, [s. d.], p. 5-6.

6. BUDGE, E. A. Wallis. *Amulets and Superstitions*, Oxford, Oxford University Press, 1930, p. 357-358.

7. BRASCH, Rudolph. *The Supernatural and You !*, Stanmore, Australie, Cassell Australia Ltd., 1976, p. 142.

8. WASILEWSKA, Ewa. *Creation Stories of the Middle East*, Londres, Jessica Kingsley Publishers, 2000, p. 137-138.

9. CAVENDISH, Richard, éditeur. *Man, Myth and Magic*, Londres, Purnell Books, 1970, vol. 2, p. 889.

10. MACQUOID, Thomas et Katharine. *About Yorkshire*, Londres, Chatto and Windus, 1883, p. 341.

11. CARR, William. *The Dialect of Craven in the West Riding of the County of York*, 2e édition, Londres, William Crofts, 1828, vol. 1, p. 137.

12. CUNNINGHAM, Scott et David Harrington. *The Magical Household*, St. Paul, Llewellyn Publications, 2002, p. 58.

13. *Encyclopaedia Britannica Micropaedia*, 15ᵉ édition, Chicago (IL), Encyclopaedia Britannica Inc., 1974, vol. 3, p. 1017.

14. ELWORTHY, Frederick Thomas. *The Evil Eye*, Londres, John Murray and Company, 1895, p. 204. [Réimpression, Dover Publications, 2004.]

15. SCHRIRE, Theodore *Hebrew Amulets : Their Decipherment and Interpretation*, Londres, Routledge & Kegan Paul Ltd., 1966, p. 7.

16. GUILEY, Rosemary Ellen. *The Encyclopedia of Witches and Witchcraft*, New York, Facts On File Inc., 1989, p. 135.

Chapitre 2

1. SKELTON, Robin. *The Magical Practice of Talismans*, Victoria (CB), Beach Holme Publishers, 1991, p. 16.

2. WHITE, Andrew D. *History of the Warfare of Science with Theology*, 1897. [Réimpression, Chicaco, Chicago University Press, 1997, p. 343.]

3. BUDGE, E. A. Wallis. *Amulets and Superstitions*, Oxford, Oxford University Press, 1930, p. 315.

4. PENNICK, Nigel. *The Secret Lore of Runes and Other Ancient Alphabets*, Londres, Rider and Company, 1991, p. 204.

5. DAY, Harvey. *Occult Illustrated Dictionary*, Londres, Kaye and Ward, 1975, p. 129.

6. WEBSTER, Richard. *Amulets and Talismans for Beginners*, St. Paul, Llewellyn Publications, 2004, p. 103-113. Ce livre contient plusieurs méthodes différentes pour charger un talisman.

Chapitre 3

1. HOWARD, Michael. *Incense and Candle Burning*, édition révisée, Londres, Aquarian Press, 1991, p. 97.

2. MAPLE, Eric. *Man, Myth and Magic*, Richard Cavendish, éditeur, Londres, Purnell Books, 1970, p. 2167.

3. ALAOUI-ISMAÏLI, O., et autres, « Basic Emotions Evoked by Odorants », dans *Physiology and Behavior*, 1997, vol. 62, p. 713.

4. Pour faire référence aux parfums, « l'ambre » n'est pas fait à partir de résine d'arbre fossilisée ; en fait, il est presque impossible d'extraire de l'huile de ces joyaux millénaires. Les parfumeries créent des combinaisons de fragrances qui rappellent l'ambre sous forme olfactive : des parfums chauds, sensuels, mielleux, aux effluves de terroir.

5. Exode 30,27-38, 37,29 ; Lévitique 2,1-16, 6,15, 10,1, 16,13, 24,7-9 ; Nombres 16,46-47 ; Luc 1,9-11 ; et Apocalypse 8,3-4.

6. PLUTARQUE. « Traité d'Isis et d'Osiris », dans *Œuvres complètes de Plutarque, Œuvres morales*, t. I, Paris, Hachette, 1870.

7. NEAL, Carl. *Incense : Crafting and Use of Magickal Scents*, St. Paul, Llewellyn Publications, 2003.

CUNNINGHAM, Scott. *Le livre complet sur l'encens, les huiles essentielles et les infusions*, Varennes, Éditions ADA inc., 2011.

SMITH, Steven R. *Wylundt's Book of Incense*, York Beach, Samuel Weiser Inc., 1989.

FISCHER-RIZZI, Susanne. *The Complete Incense Book*, New York, Sterling Publications, 1988.

VINCI, Leo. *Incense : Its Ritual Significance, Use and Preparation*, Londres, Aquarian Press, 1980.

Chapitre 4

1. WEINSTEIN, Michael. *The World of Jewel Stones*, Londres, Sir Isaac Pitman and Son, 1959, p. 3.

2. KUNZ, George Frederick. *The Curious Lore of Precious Stones*, Philadelphie, J. B. Lippincott Company, 1913, p. 35-37. Le collier le plus long contenait les trois pendants de cornaline

du dieu Bès, les sept pendants de cornaline de la déesse Thoéris (plus deux pendants de lapis-lazuli), un cœur en lapis-lazuli, quatre faucons en cornaline, un crocodile en cornaline et deux en lapis-lazuli, quatre poissons en cornaline, un poisson taillé dans une pierre d'un blanc noirâtre, un poisson en pierre verte, deux scorpions en cornaline et sept formes florales en cornaline.

3. KUNZ, George Frederick. *The Curious Lore of Precious Stones*, p. 38-39.

4. *Ibid*, p. 24.

5. Minéralogiste américain (1856-1932).

6. *Ibid*, p. 307.

7. KNUTH, Bruce G. *Gems in Myth, Legend and Lore*, Thornton, Jewelers Press, 1999, p. 236.

8. CROWLEY, Aleister. *777 and Other Qabalistic Writings of Aleister Crowley*, Boston, Samuel Weiser Inc., 1977. [Publication originale anonyme en 1909.]

9. *Ibid.*

10. FOBES, Harriet Keith. *Mystic Gems*, Boston, Richard G. Badger, 1924, p. 58-59.

11. Le lapidaire de Jean de Mandeville fut d'abord publié en France, en 1520, et sous le titre *Le lapidaire en françoys, composé par Messire Jehan de Mandeville, chevalier.* Cependant, un doute subsiste quant à la paternité de l'œuvre, étant donné qu'elle ne fait partie d'aucune édition des œuvres complètes de messire de Mandeville. Quelle que soit l'identité de son auteur, ce lapidaire populaire fut le premier à être publié et à remporter un franc succès.

12. ELSBETH, Marguerite. *Crystal Medicine*, St. Paul, Llewellyn Publications, 1997, p. 166.

13. ADDY, Sidney O. *Household Tales, with Other Traditional Remains Collected in the Counties of York, Lincoln, Derby and Nottingham*, Londres, David Nutt in the Strand, 1895, p. 14.

Chapitre 5

1. POTTER, Carole. *Knock on Wood and Other Superstitions*, New York, Sammis Publishing, 1983, p. 112.

2. KUNZ, George Frederick. *The Magic of Jewels and Charms*, Philadelphie, J. B. Lippincott Company, 1915, p. 337-338.

Chapitre 8

1. BAKER, Margaret. *Folklore and Customs of Rural England*, Newton Abbot, David & Charles Holdings Limited, 1974, p. 135.

2. Bien que Lilith ait été mentionnée pour la première fois dans l'*Alphabet de ben Sira*, elle était peut-être l'un des démons femelles de la mythologie babylonienne, appelé « *Lilitu.* »

3. BUDGE, E. A. Wallis. *Amulets and Superstitions*, Londres, Oxford University Press, 1930, p. 224. On trouve aux pages 225 et 226 deux illustrations des amulettes destinées à protéger les mères et leurs bébés, tirées du *Livre de Raziel.*

4. THOMPSON, Charles J. S. *Hand of Destiny*, London, Rider & Company Limited, 1932, p. 116-117.

5. BRASCH, Rudolph. *How Did it Begin ?*, Londres, Longman, Green & Co. Ltd., 1965, p. 22-23.

Chapitre 9

1. CAVENDISH, Richard, éditeur. *Man, Myth and Magic*, Londres, Purnell Books, 1971, vol. 6, p. 2613. Voir aussi Thompson, C. J. S. *The Hand of Destiny*, Londres, Rider & Company Limited, 1932, p. 83-84.

2. WEBSTER, Richard. *The Encyclopedia of Superstitions*, Woodbury, Llewellyn Publications, 2008, p. 126.

3. WEBSTER, Richard. *101 Feng Shui Tips for the Home*, St. Paul, Llewellyn Publications, 1998, p. 79-91.

Chapitre 10

1. WIFFEN, B. B. *Choice Notes from "Notes and Queries": Folk Lore*, Londres, Bell and Daldy, 1859, p. 129-130.

2. DE BAIRACLI-LEVY, Juliette. *Wanderers in the New Forest*, Londres, Faber & Faber Limited, 1958, p. 125-126.

3. BAKER, Margaret. *Folklore and Customs of Rural England*, Newton Abbot, David & Charles Holdings Ltd., 1974, p. 59.

4. BAKER, Margaret. *Folklore and Customs of Rural England*, p. 62.

5. THOMPSON, Charles J. S. *The Hand of Destiny*, Londres, Rider and Company Ltd., 1932, p. 141.

6. RADFORD, Edwin et Mona A. *Encyclopaedia of Superstitions*, éditée et révisée par Christina Hole, Londres, Hutchinson & Co. (Publishers) Ltd., 1961, p. 204.

7. POLLINGTON, Stephen. *Leechcraft : Early English Charms, Plantlore and Healing*, Hockwold-cum-Wilton, Royaume-Uni, Anglo-Saxon Books, 2000, p. 71.

8. PSEUDO-APULÉE, cité dans Gordon, Lesley. *The Mystery and Magic of Trees and Flowers*, Londres, Webb & Bower (Publishers) Limited, 1985, p. 58.

9. COLES, William. *The Art of Simpling*, Londres, 1656. [Réimpression, Pomeroy : Health Research, [s. d.], p. 87.]

10. WRIGHT, Machaelle Small. *Perelandra Garden Workbook : A Complete Guide to Gardening with Nature Intelligences*, Jeffersonton, Perelandra Ltd., 1987.

11. SÉLECTION DU READER'S DIGEST. *Magic and Medicine of Plants*, The Reader's Digest Association Inc., 1994, p. 10.

Chapitre 11

1. GEORGE, Leonard. *Alternative Realities : The Paranormal, the Mystic and the Transcendent in Human Experience*, New York, Facts on File Inc., 1995, p. 170-171.

Chapitre 12

1. POWER, Eileen Eda. *Medieval English Nunneries, c. 1275-1535*, Cheshire (CT), Biblo and Tannen, 1988, p. 677.

2. BARBER, Malcolm. *The Trial of the Templars*, Cambridge (Royaume-Uni), Cambridge University Press, 1978, p. 285.

3. THOMPSON, Charles J. S. *The Hand of Destiny*, Londres, Rider & Company, 1932, p. 163-164.

4. FORTUNE, Dion. *Psychic Self-Defence : A Study in Occult Pathology and Criminality*, Londres, Rider & Company Limited, 1930. [Réimpression, Samuel Weiser Inc., 1957, p. 152.]

5. FORTUNE, Dion. « Ceremonial Magic Unveiled », dans *Occult Review*, janvier 1933.

Chapitre 13

1. Vous pouvez utiliser les pierres ou les cristaux que vous voulez pour délimiter votre cercle magique. Les pierres suivantes sont traditionnellement associées aux quatre points cardinaux : citrine et topaze à l'est ; ambre, grenat, obsidienne et rubis au sud ; aigue-marine, calcédoine, jade, lapis-lazuli et pierre de lune à l'ouest ; et agate mousse, émeraude, jais et tourmaline noire au nord.

2. BUCKLAND, Ray. *The Witch Book : The Encyclopedia of Witchcraft, Wicca, and Neo-Paganism*, Detroit, Visible Ink Press, 2002, p. 525.

3. DACOMBE, Marianne R., éditrice. *Dorset Up Along and Down Along*, Dorchester, Dorset Federation of Women's Institutes, 1935, p. 116.

4. DE BRUXELLES, Simon. « Witch Bottle is Uncorked to Discover Spellbinding Content. », dans *The Times*.

POUR ALLER PLUS LOIN

ANDREWS, Carol. *Amulets of Ancient Egypt*, Londres, British Museum Press, 1994.

ANDREWS, Ted. *Psychic Protection*, Jackson (TN), Dragonhawk Publishing, 1998.

BAKER, Margaret. *Folklore and Customs of Rural England*, Newton Abbot (Royaume-Uni), David & Charles Holdings Limited, 1974.

CROWSON, Michael. *Psychic Lifeline : A Quick Guide to Recognizing and Managing Psychic or Occult Harm*, Brighton (Royaume-Uni), Omnigen, 2006.

CUHULAIN, Kerr. *Magickal Self Defense : A Quantum Approach to Warding*, Woodbury (MN), Llewellyn Publications, 2008.

CUNNINGHAM, Scott. *Le livre complet sur l'encens, les huiles essentielles et les infusions*, Varennes, Éditions ADA inc., 2011.

EVANS, Joan. *Magical Jewels of the Middle Ages and the Renaissance*, Oxford, Oxford University Press, 1922.

FORTUNE, Dion. *Autodéfense psychique, Manuel pratique*, Paris, Dervy, 2016.

GORDON, Lesley. *The Mystery and Magic of Trees and Flowers*, Londres, Webb & Bower (Publishers) Limited, 1985.

HALL, Judy. *Way of Psychic Protection*, Londres, Thorsons, 2001.

HALL, Judy. *L'art de la protection psychique*, Québec, Le Dauphin Blanc, 2014.

HAZLITT, W. Carew. *Dictionary of Faiths and Folklore*, Londres, Reeves and Turner, 1905.

JOHN-ROGER. *Psychic Protection*, Los Angeles, Mendeville Press, 1976. [Édition révisée, 1997.]

KUNZ, George Frederick. *The Curious Lore of Precious Stones*, Philadelphie, J. B. Lippincott Company, 1913.

KUNZ, George Frederick. *The Magic of Jewels and Charms*, Philadelphie, J. B. Lippincott Company, 1915.

MASON, Henry M. *The Seven Secrets of Crystal Talismans*, Woodbury (MN), Llewellyn Publications, 2008.

MICKAHARIC, Draja. *Spiritual Cleansing : A Handbook of Psychic Protection*, York Beach (ME), Weiser Books, 1982.

MILLER, Jason. *Protection & Reversal Magick : A Witch's Defense Manual*, Franklin Lakes (NJ), New Page Books, 2006.

PAINE, Sheila. *Les porte-bonheur : amulettes, gris-gris, talismans et autres objets magiques*, Paris, Alternatives, 2005.

PENCZAK, Christopher. *The Witch's Shield : Protection Magick & Psychic Self-Defence*, St. Paul (MN), Llewellyn Publications, 2004.

POLLINGTON, Stephen. *Leechcraft : Early English Charms, Plantore and Healing*, Hockwold-cum-Wilton (Royaume-Uni), Anglo-Saxon Books, 2000.

RADFORD, Edwin et Mona A. *Encyclopaedia of Superstitions*, Londres, Hutchinson & Co. (Publishers) Limited, 1948. [Nouvelle édition, éditée et révisée par Christina HOLE, 1961.]

THOMPSON, Charles J. S. *The Hand of Destiny*, Londres, Rider & Company, 1932. [Réimpression, Kessinger Publishing, sans date.]

WEBSTER, Richard. *Flower and Tree Magic : Discover the Natural Enchantment Around You*, Woodbury (MN), Llewellyn Publications, 2008.

WEBSTER, Richard. *The Encyclopedia of Superstitions*, Woodbury (MN), Llewellyn Publications, 2008.

WEBSTER, Richard. *Amulets and Talismans for Beginners*, St. Paul (MN), Llewellyn Publications, 2004.

WEBSTER, Richard. *Candle Magic for Beginners*, St. Paul (MN), Llewellyn Publications, 2004.

WEBSTER, Richard. *La magie du pendule pour débutants*, Varennes, Éditions AdA inc., 2008.

WEBSTER, Richard. *La lecture des auras pour débutants*, Varennes, Éditions AdA inc., 2007.

WEBSTER, Richard. *101 Feng Shui Tips for the Home*, St. Paul (MN), Llewellyn Publications, 1998.

WRIGHT, Machaelle Small. *Perelandra Garden Workbook : A Complete Guide to Gardening with Nature Intelligences*, Jeffersonton (VA), Perelandra Ltd., 1987.

Soul dating : rendez-vous avec votre âme

Conçu comme un programme de coaching, ce guide complet vous offre les clés pour vous reconnecter aux dimensions spirituelles de votre Être. Jour après jour, plus de 50 pratiques et exercices vous accompagnent dans votre cheminement et vous reconnectent à l'essentiel.
Pratiques énergétiques et corporelles : ancrage, harmonisation de votre aura et de vos chakras, protection énergétique, sexualité sacrée, libération des relations toxiques et des dépendances, abondance…
Pratiques émotionnelles et mentales : confiance en vous, gratitude, centrage, lâcher prise, régulation du mental, libération des peurs et du regard des autres…
Pratiques mémorielles et spirituelles : connexion à votre enfant intérieur, votre moi supérieur et votre âme, régulation de votre égo et de votre Karma, facultés extra-sensorielles (clair voyance et clair audience), communication animale, soins énergétiques, passages d'âmes…

Malory Malmasson est thérapeute en mémoires cellulaires, psycho-énergéticienne et auteure de nombreux ouvrages sur les thèmes du bien-être et de la spiritualité. Depuis dix ans elle conseille chefs d'entreprises, particuliers et artistes afin de les accompagner dans leur processus d'alignement.

ISBN : 9782017200260

POCHE
www.lelotusetlelephant.com

Le guide des pierres et cristaux

Le guide référence de la lithothérapie !

Philippe Bataille, spécialiste de la lithothérapie, vous invite à vous connecter aux énergies des pierres et des cristaux.

Condensé de plus de 30 ans d'expérience, vous trouverez dans ce guide :

- 360 pierres entièrement décryptées.
- Des fiches synthétiques avec les propriétés physiques, énergétiques, émotionnelles et spirituelles de chaque pierre ainsi qu'un mode d'emploi clair et complet.
- Les photos en couleurs de chaque pierre pour les identifier facilement.

Philippe Bataille est thérapeute spécialiste de la lithothérapie et conseille depuis plus de 30 ans dans le magasin de pierres le plus réputé de la capitale Minérales Do Brasil.

Plus de 100 000 lecteurs déjà conquis par ce best-seller !

ISBN : 9782017200154

Tarot et autres arts divinatoires

Le guide pratique pour découvrir les bases des arts divinatoires !

Grâce à la sagesse et aux conseils transmis dans ce guide, devenez adepte de la divination et prédisez l'avenir pour vous-même et les autres. Les formes de divination présentées dans ce livre accompagnaient nos ancêtres au quotidien, et vous pouvez, à votre tour, tirer profit de ces arts mystérieux.

Découvrez comment lire les cartes de tarot, décrypter les cartes à jouer classiques, trouver des réponses à vos questions dans les feuilles de thé, utiliser les cristaux pour prédire l'avenir, décoder la signification de votre date de naissance, déchiffrer le mystère des lignes de vos mains mais aussi comment comprendre le caractère de vos proches grâce à leur signe solaire.

Si vous voulez connaître le futur, vous avez les réponses entre vos mains.

ISBN : 9782017212010

Le lotus & l'éléphant
POCHE
www.lelotusetlelephant.com

Le Guide Complet du pendule

Découvrez tous les secrets du pendule.

Ce guide complet vous livre toutes les clés pour découvrir la radiesthésie et maîtriser l'art du pendule : le choisir, développer votre sensibilité, faire un bilan vibratoire, mais aussi agir sur votre quotidien.

Vous saurez utiliser votre pendule pour répondre à vos questions, mais également pour protéger votre habitation, émettre des ondes pour influencer une situation, agir sur l'aura ou les chakras, créer un remède vibratoire, purifier les énergies ou encore fabriquer des talismans ou objets informés comme les merveilleux cailloux Busby.

Avec plus de 50 illustrations, schémas et planches pour pratiquer.

Marc Neu pratique les trois sciences hermétiques (astrologie, alchimie et magie) depuis plus de trente ans. Il dépoussière les idées reçues et rend les arts divinatoires accessibles à tous en livrant ses connaissances d'initié.

ISBN : 9782017200222

Nous sommes tous clairvoyants !

L'intuition et la clairvoyance sont des dons naturels avec lesquels nous naissons mais, à défaut d'être nourris et développés, ils peuvent se perdre avec le temps.

Grâce aux exercices simples, ludiques et efficaces de Nous sommes tous clairvoyants ! et au travers d'expériences concrètes et inspirantes partagées dans cet ouvrage, vous allez acquérir de véritables compétences médiumniques.

DÉCOUVREZ COMMENT :

• Rencontrer vos guides spirituels et vos anges • Mener une conversation médiumnique • Développer l'art de l'écriture automatique • Libérer des vies antérieures • Et plus encore...

Pendant 20 ans, **BelindaGrace** a développé ses propres intuitions et dons de clairvoyance. Son métier de guérisseuse clairvoyante la pousse à voyager chaque année en Australie, aux États-Unis, au Royaume-Uni et en Europe, pour des cours, des ateliers et des séances.

ISBN : 9782017200116

POCHE

www.lelotusetlelephant.com

POWER WISH

L'incroyable méthode japonaise pour réaliser vos rêves et attirer l'énergie de l'Univers !

Grâce à la méthode de Keiko, célèbre astrologue japonaise, réalisez tous vos souhaits en vous appuyant sur l'extraordinaire puissance des constellations et de la lune. Tout au long de l'année, selon la configuration astrale, pleines et nouvelles lunes émettent une énergie bien particulière.

Avec les conseils pratiques de Keiko, apprenez à formuler précisément vos souhaits en utilisant des mots de haute vibration et l'énergie des 12 signes du zodiaque : vitesse du Bélier, expertise financière du Taureau, pouvoir transformateur du Scorpion...

« La méthode de Keiko peut aider les gens à faire de leurs rêves une réalité. » Marie Kondo

Keiko est l'astrologue star du Japon à l'origine de la méthode révolutionnaire *Power Wish* qui permet d'attirer la fortune en utilisant l'énergie et le cycle de la lune. Ses livres dépassent le million d'exemplaires vendus et *Power Wish* a été traduit dans le monde entier.

ISBN : 9782017200161

Les 12 soins de transformation intérieure

Le guide complet pour activer vos pouvoirs de guérison intérieure !
Les soins de Lulumineuse ont rassemblé des milliers de personnes à travers le monde leur permettant de se transformer personnellement et spirituellement.
Retrouvez dans ce guide complet 12 soins essentiels pour vous transformer au quotidien. Pas à pas, activez les clés énergétiques pour concrétiser tous vos projets, faire émerger votre lumière intérieure, voyager à travers vos origines, ouvrir des portails et vortex et augmenter votre niveau vibratoire.
12 soins et 17 entraînements audio • Soin de purification, réalignement et ancrage • Soin de reconnexion des mémoires de vies antérieures • Soin des habitations • Soin pour manifester l'abondance • Soin vibratoire • Grand soin d'harmonisation • Soin pour activer le lâcher-prise • Soin pour apaiser ses relations • Soin de reconnexion à vos origines • Soin de reconnexion à votre guérisseur intérieur • Soin vénusien pour accéder à la multi-dimension...

Lulumineuse est une référence dans le domaine de la spiritualité et est suivie par une large communauté sur les réseaux sociaux. à travers ses enseignements, livres et conférences, elle accompagne chacun à déployer son propre cheminement spirituel.

ISBN : 9782017200178

POCHE
www.lelotusetlelephant.com

Composition et mise en pages
Nord Compo à Villeneuve-d'Ascq